Vucko Schüchner, Iris Schwarzenbacher

Bildungschancen FAIRteilen!
Modelle gerechter Schulfinanzierung

Schulheft 168/2017

StudienVerlag

IMPRESSUM
schulheft, 42. Jahrgang 2017

© 2017 by StudienVerlag Innsbruck

ISBN 978-3-7065-5618-7

Layout: Sachartschenko & Spreitzer OG, Wien

Umschlaggestaltung: Josef Seiter

HerausgeberInnen: Verein der Förderer der Schulhefte, Rosensteingasse 69/6, A-1170 Wien
Grete Anzengruber, Florian Bergmaier, Eveline Christof, Ingolf Erler, Barbara Falkinger, Peter Malina, Elke Renner, Erich Ribolits, Michael Rittberger, Josef Seiter, Michael Sertl, Karl-Heinz Walter

Redaktionsadresse: schulheft, Rosensteingasse 69/6, A-1170 Wien;
Tel.: +43/0664 14 13 148, E-Mail: seiter.anzengruber@utanet.at;
Internet: www.schulheft.at

Redaktion dieser Ausgabe: Vucko Schüchner, Iris Schwarzenbacher

Verlag: Studienverlag, Erlerstraße 10, A-6020 Innsbruck; Tel.: 0043/512/395045, Fax: 0043/512/395045-15; E-Mail: order@studienverlag.at;
Internet: www.studienverlag.at

Bezugsbedingungen: schulheft erscheint viermal jährlich.
Jahresabonnement: € 37,00
Einzelheft: € 16,50
(Preise inkl. MwSt., zuzügl. Versand)
Die Bezugspreise unterliegen der Preisbindung. Abonnement-Abbestellungen müssen spätestens 3 Monate vor Ende des Kalenderjahres schriftlich erfolgen.

Aboservice:
Tel.: +43 (0)512 395045, Fax: +43 (0)512 395045-15
E-Mail: aboservice@studienverlag.at

Geschäftliche Zuschriften – Abonnement-Bestellungen, Anzeigenaufträge usw. – senden Sie bitte an den Verlag. Redaktionelle Zuschriften – Artikel, Presseaussendungen, Bücherbesprechungen – senden Sie bitte an die Redaktionsadresse.

Die mit dem Verfassernamen gekennzeichneten Beiträge geben nicht in jedem Fall die Meinung der Redaktion oder der Herausgeber wieder. Die Verfasser sind verantwortlich für die Richtigkeit der in ihren Beiträgen mitgeteilten Tatbestände.
Für unverlangt eingesandte Manuskripte übernehmen Redaktion und Verlag keine Haftung. Die Zeitschrift und alle in ihr enthaltenen einzelnen Beiträge sind urheberrechtlich geschützt. Jede Verwertung außerhalb der engen Grenzen des Urheberrechtsgesetzes ist ohne Zustimmung des Verlages unzulässig. Das gilt insbesondere für Vervielfältigung, Übersetzungen, Mikroverfilmungen und die Einspeicherung und Verarbeitung in elektronischen Systemen.

Offenlegung: laut § 25 Mediengesetz:
Unternehmensgegenstand ist die Herausgabe des schulheft. Der Verein der Förderer der Schulhefte ist zu 100 % Eigentümer des schulheft.

Vorstandsmitglieder des Vereins der Förderer der Schulhefte:
Eveline Christof, Barbara Falkinger, Josef Seiter, Grete Anzengruber, Michael Sertl, Erich Ribolits.

Grundlegende Richtung: Kritische Auseinandersetzung mit bildungs- und gesellschaftspolitischen Themenstellungen.

INHALT

Editorial 5

Simone Breit und Claudia Schreiner
Ausgangslage in Österreich:
Fakten zur Bildungsgerechtigkeit 7

Lorenz Lassnigg
Bildungsfinanzierung in Österreich:
Intransparenz und Irr-rationalität 17

Gabriele Lener und Sonja Nakowitz
Die freie Wahl?
Schulwahl und Bildungssegregation im Grätzl 42

Juliane Heufelder, Klaudia Schulte, Maike Warmt und Martina Diedrich
Indexbasierte Ressourcenverteilung
am Beispiel des Hamburger Sozialindex 56

Vucko Schüchner, Philipp Schnell und Iris Schwarzenbacher
Schulen gerecht finanzieren:
Ein Chancen-Index-Modell für Österreich 67

AutorInnen 85

Editorial

Die Bildungschancen eines Kindes hängen in Österreich in sehr hohem Maße von seinem sozialen Hintergrund ab. Denn dem österreichischen Schulsystem gelingt es nicht ausreichend, Benachteiligungen aufgrund des sozialen Hintergrundes zu begegnen und diese auszugleichen. Als Antwort auf diesen Missstand werden oft Forderungen nach höheren Bildungsausgaben laut, um SchülerInnen besser fördern zu können. Doch dabei bleibt häufig eine zentrale Frage unterbeleuchtet: Wie wird gewährleistet, dass (zusätzliche) Mittel tatsächlich dort ankommen, wo sie am nötigsten gebraucht werden? Um bestehende soziale Benachteiligungen im Schulsystem effektiv ausgleichen zu können, muss jedoch genau diese Fragestellung in den Fokus gerückt werden.

Das Schulheft widmet sich daher der Frage, inwiefern und unter welchen Bedingungen die Bildungsfinanzierung als wirksames Instrument für mehr Bildungsgerechtigkeit fungieren kann. Die Ausgabe dieser Nummer wurde in Kooperation mit der Arbeiterkammer Wien erarbeitet und behandelt Überlegungen, wie Modelle der Bildungsfinanzierung sozialer Benachteiligung entgegenwirken und Bildungschancen fair verteilt werden können.

Simone Breit und *Claudia Schreiner* eröffnen die Nummer mit einer Analyse der ungleichen Verteilung von Bildungschancen in Österreich. Gestützt auf aktuelles Datenmaterial zeigen sie auf, dass der soziale Hintergrund von SchülerInnen erhebliche Auswirkungen auf die gewählte Schulform, auf Bildungsverläufe und auch auf die Chancen auf Kompetenzerwerb hat. Breit und Schreiner liefern damit eine empirische Grundlage, auf der die anderen Beiträge dieser Ausgabe des Schulhefts kontextualisiert werden können.

Lorenz Lassnigg schließt mit einer Kritik des derzeitigen Systems der Bildungsfinanzierung in Österreich an. Er ortet dabei mangelnde Transparenz und Systematik bei der Verteilung der Ressourcen sowie „Irr-rationalität" des politischen Diskurses über Bildungsausgaben. Aufbauend auf dieser Analyse appelliert Lassnigg für Transparenz bei der Ressourcen-Verteilung und dafür, dass diese politisch auch wirklich durchgesetzt wird.

Ein Aufstocken der finanziellen Ressourcen alleine reicht noch nicht aus, um eine verbesserte soziale Durchmischung in den einzelnen Schulen zu erreichen. Das zeigen *Gabriele Lener* und *Sonja Nakowitz* in ihrem Beitrag am Beispiel dreier Schulen, die sich im gleichen „Grätzl" des 2. Wiener Gemeindebezirks befinden, gleichzeitig jedoch über sehr unterschiedliche SchülerInnenpopulationen verfügen. Anhand dieses Beispiels argumentieren die Autorinnen, dass die freie Schulwahl derzeit auch innerhalb eines Wohnviertels zu sozialer Selektion führt. Daher appellieren Lener und Nakowitz für eine „Grätzleinschreibung", also eine Verteilung der Kinder auf die Schulen eines Wohnviertels anhand sozialer Kriterien, um soziale Durchmischung in den einzelnen Schulen zu fördern.

Juliane Heufelder, Klaudia Schulte, Maike Warmt und *Martina Diedrich* tragen mit ihrer Beschreibung des „Hamburger Sozialindex" wesentlich zu dieser Ausgabe des Schulhefts bei. Bereits seit 1996 werden in Hamburg die unterschiedlichen sozialen Herausforderungen durch eine indexbasierte Ressourcenverteilung in die Finanzierung der jeweiligen Schulstandorte miteinbezogen. In ihrem Erfahrungsbericht geben die Autorinnen Einblick in die Ausgestaltung dieses Finanzierungsmodells, das anhand von 24 verschiedenen Indikatoren die soziale Zusammensetzung der SchülerInnen mitberücksichtigt.

Der Beitrag von *Vucko Schüchner, Philipp Schnell* und *Iris Schwarzenbacher* stellt schließlich ein Finanzierungsmodell für das österreichische Schulsystem vor, das von der Arbeiterkammer Wien entwickelt wurde. Der sogenannte „Chancen-Index" basiert auf dem Ziel, sozialen Ungleichheiten über das Instrument der Schulfinanzierung entgegenzuwirken. Das Modell beruht erstens auf einer Basis-Finanzierung für alle Schulstandorte, die anhand der Anzahl der SchülerInnen ermittelt wird, und zweitens auf zusätzlichen Ressourcen für jene Standorte, die aufgrund der sozialen Zusammensetzung der SchülerInnen besonderen Förderbedarf haben. Der Beitrag liefert eine konkrete Darstellung, wie die Berechnung des Chancen-Index ausgestaltet sein könnte und welche Auswirkungen die Einführung dieses bedarfsorientierten Modells für das österreichische Schulsystem haben würde.

Simone Breit und Claudia Schreiner

Ausgangslage in Österreich – Fakten zur Bildungsgerechtigkeit

Vorbemerkungen

Chancengleichheit bedeutet in Anlehnung an Fend (2009), dass bei gegebenen Begabungen keine Differenzen nach Herkunft auftreten. Bei gleichen individuellen Voraussetzungen sollte demnach weder der sozioökonomische oder ethnische Hintergrund noch die Bildungsnähe der Eltern die Chancen auf Kompetenzerwerb und Bildungsabschlüsse beeinflussen. Für herkunftsbedingte Unterschiede wird in der Diskussion häufig ein Ausgleich gefordert. Formale Chancengleichheit im Sinne gleicher schulischer Ressourcen und formaler Gleichbehandlung jedes Kindes wird dabei als unzureichend erachtet.

Chancenungleichheit kann somit in ein statistisches Konzept übersetzt werden und zeigt sich in Unterschieden zwischen Gruppen. Individuelle Benachteiligung lässt sich allerdings nicht oder nur schwer fassen (für eine umfangreichere Aufarbeitung verschiedener Konzepte der Bildungsgerechtigkeit vgl. Bruneforth, Weber & Bacher, 2012).

Die Forderung nach Bildungsgerechtigkeit und einem garantierten Bildungsminimum lässt sich auf unterschiedliche Arten begründen – normativ-legistisch in Bezug auf gesetzliche Bestimmungen, funktionalistisch durch negative Auswirkungen auf Individuen und Gesellschaft sowie gerechtigkeitstheoretisch. Die stärkste Grundlage insbesondere für die Bildungspolitik bildet aber die österreichische Bundesverfassung, die in Bezug auf Bildung sowohl Chancengleichheit als auch Teilhabegerechtigkeit als Ziele nennt. Dort heißt es in Art. 14 (B-VG i. d. g. F.), Schule soll „… der gesamten Bevölkerung, *unabhängig von Herkunft, sozialer Lage und finanziellem Hintergrund,* unter steter Sicherung und Weiterentwicklung bestmöglicher Qualität ein höchstmögliches Bildungsniveau" sichern. Weiters soll jede/r Jugendliche „… befähigt werden, am Kultur- und Wirtschaftsleben Österreichs, Europas und der Welt teilzunehmen".

Der vorliegende Beitrag orientiert sich an diesem Konzept und zeigt – entlang der wesentlichen Abschnitte des österreichischen Schulsystems – wie stark die Unterschiede zwischen herkunftsbedingten Gruppen in Bezug auf den Kompetenzerwerb sowie auf Bildungswege und damit auf Abschlüsse sind.

Chancenungleichheitsdimensionen im Kompetenzerwerb am Ende der Volksschule

Wie fair die Chancen auf Kompetenzerwerb sind, zeigt der folgende Abschnitt: Er behandelt die „klassischen" Chancenungleichheitsdimensionen (Geschlecht, Migrationshintergrund, Bildungshintergrund) und zeigt Unterschiede zwischen den einzelnen Gruppen auf. Als Datengrundlage dienen die Standardüberprüfungen, welche die Kompetenzen der Schüler/innen am Ende der 4. Schulstufe ermitteln und in Form von Kompetenzstufen Rückschluss auf den Grad der Kompetenzerreichung geben.

Zu Beginn steht das **Geschlecht** als Chancenungleichheitsdimension im Mittelpunkt der Betrachtung. In Bezug auf die Lesekompetenz zeigen sich deutliche Unterschiede zugunsten der Mädchen: 68 % der Mädchen, aber nur 56 % der Buben haben bis zum Ende der Volksschule ein sicheres Leseverständnis erworben und erreichen oder übertreffen die Bildungsstandards. Zur Lese-Risikogruppe (Bildungsstandards nicht erreicht – unter Stufe 1) gehören hingegen 16 % der Buben, aber nur 10 % der Mädchen. Diese 10-Jährigen zeigen so niedrige Lesefähigkeiten, dass sie die einfachen Aufgaben zu elementaren Lesefähigkeiten nicht routinemäßig lösen können (Breit, Bruneforth & Schreiner, 2016). In Mathematik zeigt sich hingegen ein kleiner Vorsprung zugunsten der Buben: Die Bildungsstandards in Mathematik erreichen 79 % der Buben, während es von den Mädchen 75 % sind, die die als notwendig erachteten mathematischen Grundkompetenzen flexibel nutzen können. Etwas mehr Mädchen (13%) als Buben (10%) haben hingegen selbst mit reproduktiven Anforderungen aus der Mathematik und mit mathematischen Routineverfahren Schwierigkeiten – sie erreichen die Bildungsstandards nicht (Schreiner & Breit, 2014).

Als weiterer Ungleichheitsfaktor rückt nun der **soziale Hintergrund** der Schüler/innen in den Fokus. Dieser wird im Folgenden durch den höchsten Bildungsabschluss der Eltern operationalisiert, wobei vier Kategorien gebildet wurden: 6 % der Kinder haben Eltern, die beide maximal einen Pflichtschulabschluss aufweisen. Die größte Gruppe von 10-Jährigen (55 %) hat Eltern, deren höchster Abschluss eine Lehre oder BMS ist. In 22 % der Familien ist Matura der höchste Abschluss. Und 27 % der Schüler/innen haben zumindest einen Elternteil mit einer universitären Ausbildung (Breit, Bruneforth & Schreiner, 2016).

Diese vier Gruppen unterscheiden sich in ihrer Lesekompetenz deutlich voneinander: Je höher die Bildung der Eltern ist, desto besser ist im Schnitt die Lesekompetenz der Kinder. Das bedeutet, dass Chancenungerechtigkeit nicht nur Randgruppen betrifft, sondern sich durch alle Gesellschaftsschichten zieht.

Während von den Kindern aus Familien mit formal niedrigem Bildungsabschluss (maximal Pflichtschule) 35 % zur Leserisikogruppe zählen, sind es unter den Kindern aus Akademikerhaushalten nur 5 %. Und auch auf der anderen Seite des Kompetenzkontinuums sind die Unterschiede groß: Aus Haushalten mit niedrigem Bildungshintergrund gehört 1 % der Schüler/innen zu den Spitzenleserinnen/-lesern, aus Haushalten mit tertiärem Bildungsabschluss sind es 12 % der Kinder, die in Lesen die Standards übertreffen. Im Schnitt unterscheiden sich diese beiden Gruppen um 126 Punkte in ihrer Lesekompetenz, das ist ein Unterschied, der bis zu drei Schuljahren entspricht (Breit, Bruneforth & Schreiner, 2016). Die Unterschiede, die für die Lesekompetenz angeführt wurden, bestehen auch in den anderen Kompetenzbereichen des Faches Deutsch (Hören, Verfassen von Texten, Rechtschreiben, Sprachbetrachtung, Sprechen) – in leicht variierendem Ausmaß, das grundlegende Muster ist aber in allen Kompetenzbereichen das gleiche. Auch in Mathematik beträgt der Mittelwertunterschied zwischen Kindern, deren Eltern maximal Pflichtschulabschluss haben, und Kindern, deren Eltern über einen Hochschulabschluss verfügen, 126 Punkte (Schreiner & Breit, 2014).

Als dritte wesentliche Chancenungleichheitsdimension ist in der Diskussion der **Migrationshintergrund** anzuführen. Im Schuljahr 2014/15 hatten 20 % der Kinder Eltern, die beide im Ausland geboren sind – die Schüler/innen selbst sind entweder auch im Ausland geboren und mit ihren Eltern eingewandert oder bereits in 2. Generation in Österreich auf die Welt gekommen. Damit folgen die Analysen der Standardüberprüfungen weitgehend den Definitionen, wie sie auch im internationalen Bereich etwa von der OECD oder der UNESCO verwendet werden. Familien, die aus Deutschland eingewandert sind, werden hier aufgrund der gleichen Sprache allerdings abweichend von der internationalen Kategorisierungspraxis zur Gruppe der Einheimischen gezählt. Hinsichtlich ihrer Lesekompetenz unterscheiden sich Kinder mit und ohne Migrationshintergrund sehr deutlich: So ist die Wahrscheinlichkeit, zur Leserisikogruppe zu gehören, für Kinder mit Migrationshintergrund deutlich höher und die Wahrscheinlichkeit, bis zum Ende der vierten Schulstufe ein sicheres Leseverständnis zu erwerben, ist deutlich niedriger. 27 % der Kinder mit Migrationshintergrund zählen zur Leserisikogruppe, während es von den Kindern ohne Migrationshintergrund 10 % sind (Breit, Bruneforth & Schreiner, 2016).

Wenn man allerdings Maßnahmen zur Förderung leseschwacher Kinder plant, muss man seine Zielgruppen kennen und dafür ist es hilfreich, die absoluten Größen zu betrachten. Die 27 % mit Leseschwäche unter dem Fünftel an Kindern, die Migrationshintergrund aufweisen, entsprechen absolut gut 4000 Kindern; die 10 % mit Leseschwäche unter den restlichen vier Fünfteln an Einheimischen sind mehr als 6000 Kinder. Damit stellen Kinder *ohne* Migrationshintergrund immer noch die Mehrheit in der Lese-Risikogruppe. Leseförderung, die sich nur oder vor allem an Migrantinnen und Migranten richtet, würde also zu kurz greifen.

Will man die Ergebnisse zur Lesekompetenz noch um einen Blick auf die Mathematik-Kompetenz ergänzen, so ergibt sich auch für Mathematik ein ähnliches Bild mit deutlichen Vorteilen für Kinder ohne Migrationshintergrund: Zwischen Kindern mit und ohne Migrationshintergrund besteht ein Mittelwertunterschied von 64 Punkten in ihrer Mathematikkompetenz. Bei der Interpretation ist jedoch zu beachten, dass sich Familien mit und ohne Migrationshintergrund hinsichtlich ihres Bildungshintergrunds und ihrer Stellung in der Sozialstruktur unterscheiden, weshalb man diese Faktoren statistisch kontrolliert. Dadurch reduziert sich der Mittelwertunterschied in Mathematik bezüglich des Migrationshintergrunds auf 32 Punkte, wenn jeweils Kinder mit und ohne Migrationshintergrund verglichen werden, deren Eltern das gleiche formale

Bildungsniveau aufweisen und die gleiche Stellung in der Sozialstruktur innehaben. Etwa die Hälfte der Mittelwertdifferenz ist demnach auf andere Faktoren zurückzuführen als auf den Migrationshintergrund (Bruneforth, Lassnig, Vogtenhuber, Schreiner & Breit, 2016).

Chancenungleichheitsdimensionen im Kompetenzerwerb am Ende der Sekundarstufe I

Der Einfluss der Chancenungleichheitsdimensionen auf den Kompetenzerwerb, der für das Ende der Grundschule gezeigt wurde, existiert – mit leicht variierendem Ausmaß und Mustern – für alle Fächer und auch für alle Schulstufen: Die Standardüberprüfungen am Ende der 8. Schulstufe zeigen für Mathematik (Schreiner & Breit, 2012), für Englisch (Schreiner & Breit, 2014) sowie Deutsch (Breit, Bruneforth & Schreiner, 2017) deutliche Unterschiede zwischen **Mädchen und Buben,** wobei die Mädchen in Englisch (33 Punkte) und Deutsch (zwischen 18 Punkten in Zuhören und 52 Punkten in Rechtschreiben) deutlich besser abschneiden, während die Burschen in Mathematik minimal höhere Kompetenzen zeigen (+7 Punkte).

Besonders stark ausgeprägt sind – auch am Ende der 8. Schulstufe – die **herkunftsbedingten Kompetenzunterschiede:** Zwischen Jugendlichen aus bildungsfernen Haushalten und Akademikerhaushalten beträgt der Mittelwertunterschied in Mathematik 114 Punkte, in Englisch 126 Punkte und in Deutsch-Lesen 113 Punkte.

Ein interessantes Detail ist der geringe Mittelwertunterschied nach **Migrationshintergrund** in Englisch (39 Punkte; in Mathematik 67 Punkte), der ausschließlich durch das im Schnitt niedrigere Bildungsniveau der Eltern sowie die durchschnittlich niedrigere Stellung in der Sozialstruktur von Familien mit Migrationshintergrund bedingt ist: Er verschwindet praktisch vollständig bei Kontrolle von Bildung und Stellung in der Sozialstruktur (Bruneforth, Lassnig, Vogtenhuber, Schreiner & Breit, 2015). Demnach können Jugendliche mit Migrationshintergrund ihr metasprachliches Wissen und ihre Erfahrungen mit Sprachenlernen in den Spracherwerb von Englisch einbringen und ihre Kompetenzen hier entsprechend nutzen. In der Unterrichtssprache Deutsch zeigen sich hingegen –

erwartungsgemäß – große Unterschiede zwischen Jugendlichen mit und ohne Migrationshintergrund. Am stärksten ausgeprägt sind diese in den rezeptiven Fähigkeiten Lesen und Zuhören. Der Mittelwertunterschied beim Hörverstehen beträgt beispielsweise 100 Punkte – und auch nach Kontrolle des Sozialstatus bleiben 73 Punkte Unterschied bestehen. Vor dem Hintergrund, dass jeder Unterricht sehr hohe mündliche Anteile hat (z. B. Erklärungen der Lehrperson, Diskussion der Schüler/innen untereinander), machen diese Ergebnisse Teilhabebarrieren für Schüler/innen mit Migrationshintergrund deutlich. Am geringsten fallen die Unterschiede zwischen Jugendlichen mit und ohne Migrationshintergrund beim Sprechen (28 Punkte) und Rechtschreiben (53 Punkte) aus (Breit, Bruneforth & Schreiner, 2017).

Chancenungleichheitsdimensionen und Bildungswege

Ein zweiter Blickwinkel auf Chancengerechtigkeit bietet sich durch die Betrachtung von Bildungswegen und Abschlüssen und deren Abhängigkeit von Herkunftsmerkmalen.

Für eine AHS-Unterstufe entscheiden sich vorrangig Kinder aus bildungsnahen Familien (bzw. deren Eltern): 70 % der AHS-Unterstufen-Schüler/innen haben zumindest einen Elternteil mit Matura oder sogar universitärem Abschluss. Bei den NMS und Hauptschulen sind das jeweils nur etwa 30 %. Kinder, deren Eltern sehr geringe formale Bildungsabschlüsse aufweisen, entscheiden sich hingegen überproportional häufig für eine NMS oder Hauptschule. Dies gilt auch für Kinder, deren Eltern eine Berufsausbildung auf mittlerem Formalniveau (z. B. Lehrabschluss, berufsbildende mittlere Schule) abgeschlossen haben, welche etwa 60 % der HS- und NMS-Schüler/innen, aber nur 27 % der AHS-Unterstufen-Schüler/innen ausmachen.

Ein ähnliches Bild zeigt sich auch bezüglich der zweiten Bildungswegentscheidung im Alter von etwa 14 Jahren. Auch hier gilt, je höher das formale Bildungsniveau der Eltern ist, desto größer ist die Wahrscheinlichkeit, dass deren Kinder einen Bildungsweg einschlagen, der zu formal hohen Bildungsabschlüssen führt (Bruneforth, Lassnig, Vogtenhuber, Schreiner & Breit, 2016).

Aus den Daten der Erwachsenenstudie PIAAC (2012) ist ersichtlich, dass der Zusammenhang zwischen dem Bildungsniveau der Eltern und dem eigenen erreichten Bildungsabschluss auch im Erwachsenenalter noch besteht. Eine Analyse der österreichischen Erwachsenenbevölkerung (ausgenommen die unter 24-Jährigen, welche noch in formaler Erstausbildung sind) zeigt, dass ein Drittel der Personen, deren beide Elternteile maximal über einen Pflichtschulabschluss verfügen, selbst ebenfalls maximal einen Pflichtschulabschluss aufweisen, während es unter den Personen, deren Eltern eine universitäre Ausbildung haben, nur etwa 7 % sind. Auf der anderen Seite erreicht knapp die Hälfte der Personen, deren Eltern einen Universitätsabschluss haben, selbst ebenso einen akademischen Abschluss, während dies unter den Personen, deren Eltern maximal Pflichtschulabschluss aufweisen, nur 6 % sind (vgl. OECD, 2016).

Nun könnte man meinen, dass die in Bezug auf die Bildungswege und Abschlüsse dokumentierten Chancenungleichheiten rein eine Folge aus den ungleich verteilten Chancen auf Kompetenzerwerb seien, die in den Abschnitten 2 und 3 dieses Beitrags belegt wurden. Abbildung 1 zeigt allerdings, dass die familiäre Herkunft über die unterschiedlichen Leistungen hinaus Einfluss auf die Schulwahlentscheidungen hat. Die Abbildung zeigt die AHS-Übertrittsquoten in Abhängigkeit von der Bildung der Eltern und der Mathematikkompetenz am Ende der 4. Schulstufe.

Dass Kinder von hoch gebildeten Eltern im Schnitt höhere Kompetenzen erwerben als Kinder aus bildungsfernen Familien, ist an der horizontalen Lage der Gradienten je Gruppe nach Bildungsabschluss zu sehen (der Gradient der Kinder mit akademisch gebildeten Eltern liegt deutlich weiter rechts im Bereich höherer Mathematikleistungen als etwa jener der Kinder, deren Eltern maximal einen Pflichtschulabschluss aufweisen). Allerdings zeigt sich hier noch ein anderer Unterschied, nämlich, dass Kinder von Eltern mit hohen Formalqualifikationen auch bei gleicher Leistung wesentlich öfter in eine AHS-Unterstufe wechseln.

Fokussiert man auf Kinder mit Mathematikleistungen im Bereich des Österreichschnitts von 533 Punkten, so variiert die Wahrscheinlichkeit, in eine AHS zu wechseln, zwischen 24 % – wenn die Eltern maximal einen Pflichtschulabschluss oder eine Berufsausbildung wie einen Lehrabschluss haben – bis zu 64 % bei akademisch gebildeten Eltern – und zwar bei gleicher Mathematikleistung. In

Summe sind nur 30 % der unterschiedlichen Übertrittsquoten zwischen den Bildungsgruppen durch die Kompetenzen in Mathematik zu erklären. Es gelingt dem System damit nicht nur nicht, unterschiedliche Chancen zu kompensieren; an den Schnittstellen verstärkt das System die Chancenungleichheiten sogar.

Chancenungleichheiten im internationalen Vergleich

Internationale Studien wie PISA belegen regelmäßig, dass in Bezug auf das Ausmaß an Chancengerechtigkeit in Österreich noch „Luft nach oben" besteht. Zwar sind die Ergebnisse im internationalen Vergleich nicht dramatisch, sondern in der Regel im Bereich des OECD-Schnitts (und zwar sowohl, was das Leistungsniveau als auch, was das Ausmaß an Chancengerechtigkeit angeht), es gibt aber eine Reihe an Ländern, in denen deutlich fairere Chancen auf Kompetenzerwerb bestehen. Etwa in Korea, den Niederlanden, Finnland, Estland oder Kanada ist der Zusammenhang zwischen den Leistungen der Jugendlichen im Alter von 15/16 Jahren und dem Sozialstatus ihrer Familie geringer als in Österreich; sie weisen gleichzeitig höhere Leistungsmittelwerte auf. Insgesamt zeigt sich auf Basis der internationalen Betrachtung, dass zum einen ein höheres Ausmaß an Chancengerechtigkeit möglich ist, und zum anderen, dass das Ziel der hohen Chancengerechtigkeit mit einem insgesamt hohen Leistungsniveau vereinbar ist (vgl. OECD, 2013).

Früher Bildungsabbruch

Ein weiterer Aspekt im Rahmen einer Fairness-Diskussion ist der frühe Bildungsabbruch. In Bezug auf das Ausmaß dieses Phänomens liegt Österreich im internationalen Kontext vergleichsweise gut. Die OECD weist aktuell für Österreich 11,7 % sogenannte NEETs unter den 20- bis 24-Jährigen aus (OECD-Schnitt: 17,0 %; NEET – Not in Employment, Education or Training). Junge Männer sind dabei etwas stärker betroffen (13,4 % NEETs im Vergleich zu 10,1 % unter jungen Frauen). Es besteht ein deutlicher Zusammenhang mit der Lesekompetenz; allerdings schützt hohe (Lese-)Kompetenz nicht vollständig vor frühem Bildungsabbruch (vgl. dazu OECD, 2016). In Bezug auf (fehlende) Schulabschlüsse sind in

Österreich 10 % der 25- bis 34-Jährigen zu verzeichnen, die keinen Sekundarstufe-2-Abschluss aufweisen (im Vergleich zu 16 % im OECD-Schnitt; OECD, 2016). Steiner, Pessl und Bruneforth (2016) identifizieren als Risikofaktoren für frühen Bildungsabbruch folgende Merkmale:
- Alleinerzieher-Familie
- Migrationsstatus (v. a. erste Generation aus Drittstaaten)
- nichterwerbstätige bzw. arbeitslose Eltern
- niedrige Bildung der Eltern
- Geschlecht (männlich)

Damit ist das Problem des frühen Bildungsabbruchs in Österreich zwar quantitativ gesehen vergleichsweise gering (wiewohl im Grunde jede/jeder junge Erwachsene, die/der das Bildungssystem ohne Abschluss verlässt, zu viel ist), die herkunftsbedingten Unterschiede sind allerdings deutlich sichtbar.

Fazit

Zusammenfassend kann festgehalten werden, dass Daten für Österreich deutlich vorhandene Chancenungleichheiten dokumentieren. Der soziale Hintergrund determiniert stark, welche Chancen auf Kompetenzerwerb bestehen, welche Schulform eine Schülerin/ein Schüler besucht und wie sich Bildungsverläufe gestalten. Kinder, deren Eltern einen niedrigeren formalen Bildungsabschluss aufweisen, haben wesentlich geringere Chancen auf höhere Bildung als Kinder, deren Eltern einen höheren Abschluss aufweisen. Auch die Chancen auf Kompetenzerwerb sind nach sozialem Hintergrund sehr ungleich verteilt.

Wo können Bildungsungleichheiten entstehen und wo vergrößern sich soziale Ungleichheiten? Maaz, Baumert und Trautwein (2010) nennen diesbezüglich folgende „Entstehungsorte": Bildungsübergänge, innerhalb von Bildungsinstitutionen, zwischen Bildungsinstitutionen (zwischen unterschiedlichen Schulformen, Schulen unterschiedlicher Qualität, Regionen) sowie außerhalb des Bildungssystems. *Eine* Möglichkeit, diesen zu begegnen, ist die indexbasierte Ressourcenzuwendung. Die Frage nach dem Wie erörtern andere Beiträge in dieser Ausgabe.

Literatur

Breit, S., Bruneforth, M. & Schreiner, C. (2016). Standardüberprüfung Deutsch, 4. Schulstufe, 2015. Bundesergebnisbericht. Salzburg: BIFIE.

Breit, S., Bruneforth, M. & Schreiner, C. (2017). Standardüberprüfung Deutsch, 8. Schulstufe, 2016. Bundesergebnisbericht. Salzburg: BIFIE.

Bruneforth, M., Weber, C. & Bacher, J. (2012). Chancengleichheit und garantiertes Bildungsminimum in Österreich. In B. Herzog-Punzenberger (Hrsg.). *Nationaler Bildungsbericht Österreich 2012. Band 2. Fokussierte Analysen bildungspolitischer Schwerpunktthemen* (S. 189-227). Graz: Leykam.

Bruneforth, M., Lassnig, L., Vogtenhuber, S., Schreiner, C. & Breit, S. (2016). (Hrsg.). Nationaler Bildungsbericht Österreich 2015. Band 1. Das Schulsystem im Spiegel von Daten und Indikatoren. Graz: Leykam.

Fend, H. (2009). Chancengleichheit im Lebenslauf – Kurz- und Langzeitwirkungen von Schulstrukturen. In H. Fend, F. Berger & U. Grob (Hrsg.), *Lebensverläufe, Lebensbewältigung, Lebensglück. Ergebnisse der LifE-Studie* (S. 37-72). Wiesbaden: VS Verlag für Sozialwissenschaften.

Maaz, K., Baumert, J. & Trautwein, U. (2010). Genese sozialer Ungleichheit im institutionellen Kontext der Schule: Wo entsteht und vergrößert sich soziale Ungleichheit? In H. Krüger, U. Rabe-Kleberg, R. Kramer & J. Budde (Hrsg.), *Bildungsungleichheit revisited. Bildung und soziale Ungleichheit vom Kindergarten bis zur Hochschule* (1. Aufl., S. 69-102). Wiesbaden: VS Verlag für Sozialwissenschaften.

OECD (2013). PISA 2012 Results: Excellence Through Equity: Giving Every Student the Chance to Succeed (Volume II). Paris: OECD Publishing.

OECD (2016). Education at a Glance 2016: OECD Indicators. Paris: OECD Publishing.

Schreiner, C. & Breit, S. (2012), Standardüberprüfung 2012. Mathematik, 8. Schulstufe. Bundesergebnisbericht. Salzburg: BIFIE.

Schreiner, C. & Breit, S. (2014), Standardüberprüfung 2013. Mathematik, 4. Schulstufe. Bundesergebnisbericht. Salzburg: BIFIE.

Steiner, M., Pessl, G. & Bruneforth, M. (2016): Früher Bildungsabbruch – Neue Erkenntnisse zu Ausmaß und Ursachen. In M. Bruneforth, F. Eder, K. Krainer, C. Schreiner, A. Seel & C. Spiel (Hrsg.). (2016). *Nationaler Bildungsbericht Österreich 2015, Band 2: Fokussierte Analysen bildungspolitischer Schwerpunktthemen* (S. 175-219). Graz: Leykam.

Lorenz Lassnigg

Bildungsfinanzierung in Österreich: Intransparenz und Irr-rationalität.[1]

Bildungsfinanzierung in Österreich ist erstens durch hochgradige – jahrzehntelang bekannte – Intransparenz und zweitens durch eine geradezu groteske Irrationalität[2] der politischen Diskurse behaftet. Die Intransparenz wird gerne geleugnet, da man natürlich nicht so ohne weiteres zugeben kann, dass man nicht weiß, wohin ein beträchtlicher Teil des Staatshaushaltes wirklich fließt. Im Rahmen der jüngsten Schulreformgesetze wurde die Verbesserung der Transparenz der Mittelverteilung als ein wichtiger Erfolg herausgestrichen. Die Irrationalität der Diskurse ist leicht daran zu erkennen, dass auf der einen Seite ohne allzu viel Widerspruch betont wird, dass zu viele Mittel für zu wenig Ergebnisse fließen und dass auf der anderen Seite aber noch größerer Konsens darüber besteht, dass für jede durchgreifende Verbesserung zusätzliche Mittel erforderlich sind. Die beiden Aspekte, die Intransparenz und die Irrationalität (Dummheit?), verstärken sich gegenseitig, indem eine ausreichende Informationsbasis essentiell für einen rationalen Diskurs ist und indem aber die Diskurse aus verschiedenen Gründen eine selbsttragende Logik entwickelt haben und der mangelnden Informationsbasis bedürfen.[3]

Ein entscheidender Gesichtspunkt, der die beiden Aspekte verbindet, ist die Verteilung der Mittel und die Funktionalität dieser Verteilung, d.h. die Frage, wofür die Mittel tatsächlich ausgegeben werden. Das Niveau der Ausgaben sagt nicht unbedingt über die Funktionalität etwas aus, da auch bei hohen Ausgaben ihre Verteilung dysfunktional sein kann und die (an sich ausreichenden) Mittel möglicherweise nicht die Orte erreichen, wo sie am dringendsten

---

1 Siehe auch die erweiterte Fassung dieses Beitrages, online http://www.equi.at/material/finanz-SH-17.pdf
2 Wie immer man dieses Wort übersetzt, mit *irr...* ist man nicht schlecht beraten, oder vielleicht wäre auch *Dummheit* ein einfaches deutsches Wort.
3 Inwieweit die durch die Reform angestrebte Verbesserung der Transparenz tatsächlich angegangen und erreicht wird, wird die Umsetzung der Reform zeigen.

gebraucht werden. Insofern ist der Mangel im Überfluss nicht unbedingt ein so schreiender Widerspruch, wie es auf den ersten Blick erscheint. Jedoch führt auch die Aufstockung der Mittel in den Problembereichen nicht zu einer Verbesserung der politischen Auseinandersetzungen, so festgefahren diese mittlerweile sind. Die politischen und öffentlichen Diskurse – auch wenn sie von der tatsächlichen Praxis weit abgehoben sind und diese auch nicht korrekt ausdrücken – sind dennoch für die Praxis sehr wichtig, weil sie das öffentliche Vertrauen in das Schul- und Bildungswesen bestimmen oder zumindest wesentlich beeinflussen – aufgrund der Komplexität der Aufgaben im Bildungswesen ist aber dieses Vertrauen ein entscheidender Aspekt für gute Praxis. Um Vertrauen herzustellen oder aufzubauen, ist sowohl Information über gute Praxis notwendig (die durch die ‚negativen' Schlagzeilen und Diskurse verdrängt wird) als auch eine konstruktive Wendung der politischen Diskurse, wozu ein Aufdecken der selbstverstärkenden Logiken beitragen kann.

Dieser Beitrag betrachtet daher die einzelnen Aspekte näher: Intransparenz und Anforderungen an Transparenz (1), irrationale Logik der politischen Diskurse (2), empirische Anhaltspunkte und Probleme der Finanzierung (3). Die Darlegungen zeigen, dass die Probleme viel tiefer liegen, als sie auch bekannte Kritiker ansprechen, und dass sie auf der Ebene der ‚Realpolitik' nicht lösbar erscheinen. Wie an anderer Stelle näher ausgeführt (Lassnigg 2016a, 2015a; Lassnigg und Vogtenhuber 2015a, vgl. auch Lassnigg et al. 2016, Bruneforth et al. 2015), ist eine deliberative Wende erforderlich, die die Karten der Auseinandersetzungen neu mischt. Dazu soll der Beitrag beitragen.

Organisierte Intransparenz und Anforderungen an Transparenz[4]

Es ist viel die Rede von ‚Faktenbasierung' der Politik und ‚Evidenz statt Ideologie', es werden auch verschiedentlich Schritte in diese

---

4 Die Ausführungen beziehen sich auf das Schulwesen, wobei jedoch auch beim Hochschulwesen durchaus ziemlich offene Fragen bestehen: Beispielsweise wird im österreichischen Diskurs von gravierender (öffentlicher) Unterfinanzierung ausgegangen, während internationale Vergleichsdaten eher ein hohes Niveau indizieren.

Richtung gesetzt, die jedoch – näher besehen – weit von den Anforderungen entfernt sind (z.B. Bildungsstandards, Bifie-Reform). Geht man davon aus, dass die Finanzierung ein Rückgrat der Politik ist, so wären hier die Faktenbasierung und ihre Voraussetzungen als Prüfstein zu nehmen. Betrachtet man hier das Informationssystem und seine Entwicklung, so steht die verfügbare Informations-Infrastruktur in einem derartig schreienden Widerspruch zu den Anforderungen an ein aussagekräftiges und transparentes Informationssystem, dass man mit Fug und Recht von einer mehr oder weniger beliebigen oder unmotivierten Ansammlung von Zahlen über unterschiedliche Aspekte des Bildungswesens sprechen kann, die überdies kategorial nicht zusammenpassen und auch mutwillige Zeitreihenbrüche aufweisen. Zahlen werden oft mit Fakten verwechselt, aber sie werden erst zu Fakten, wenn sie mit Sinn verbunden sind.

Zwei wesentliche Anforderungen an Finanzinformationen sind essentiell: Erstens gibt es unterschiedliche Beschreibungselemente (SchülerInnen, LehrerInnen, Ergebnisse, schulische Infrastruktur, Finanzen, Differenzierungsmerkmale), die ausreichend detailliert aufeinander bezogen werden müssen, um sinnvolle Aussagen über Finanzierungsfragen treffen zu können; dies ist in den Statistiken im Wesentlichen nicht der Fall, die verschiedenen Beschreibungselemente werden getrennt dargestellt. Zweitens müssen diese Beschreibungselemente in einer einheitlichen/vergleichbaren Klassifikation dargestellt werden, damit – wenn sie schon nicht offiziell aufeinander bezogen werden – man dies wenigstens in externen wissenschaftlichen Sekundäranalysen machen kann; es gibt jedoch keine derart vergleichenden Klassifikationen (d.h. SchülerInnen, LehrerInnen, Infrastruktur, Finanzen etc. werden in unterschiedlichen Aufgliederungen dargestellt). Konsequenz: Um relativ einfache Darstellungen zur Transparenz der Finanzierung zu erreichen – was eigentlich im Falle der Verausgabung öffentlicher Mittel eine Selbstverständlichkeit sein sollte –, ist bereits ein Forschungsprojekt mittlerer Größenordnung erforderlich (das überdies niemand in Auftrag gibt).

Darstellung 1: Jahrzehntelang dokumentierte Transparenzprobleme

1967 50-jähriges Jubiläum (der erste große OECD-Bericht zur ‚Erziehungsplanung' über Österreich)
„Es wäre wünschenswert, wenn Finanz- und Schulstatistik einander unmittelbar gegenübergestellt werden könnten. Da sie aber nicht immer aufeinander abgestimmt sind, sind Vergleiche kaum möglich" (van Dyck 1967, 249).

1977 40-jähriges Jubiläum (Studie zur Bildungsfinanzpolitik für Finanzminister Hannes Androsch)
„Im österreichischen Schulwesen sind die Kompetenzen vertikal auf Bund, Länder und Gemeinden verteilt. Eine ex-post Betrachtung zeigt aber ein bemerkenswertes Auseinanderklaffen von Aufgabenzuständigkeit und tatsächlicher Finanzierung. Vielmehr hat sich in der Praxis [...] ein kompliziertes intragovernmentales Transfersystem entwickelt, das in Zahlungen (Leistungen) besteht, die der Erfüllung der Aufgaben einer anderen Gebietskörperschaft dienen. Dieses Netz von Transferbeziehungen, in das Bund, Länder und Gemeinden [...] einbezogen sind, ist sehr komplex und reichlich unüberschaubar" (Clement/Sauerschnig 1977, 54) und „Keine Verwaltungsstelle einer österreichischen Gebietskörperschaft kann gegenwärtig einen Überblick über die Gesamtsituation der Bildungsfinanzen aller öffentlichen Ebenen besitzen."(dies. 1978, S. 6)

1994 20-jähriges Jubiläum (gemeinsame Studie BM Unterricht und BM Finanzen)
„Für Österreich ist weder die Angabe von Gesamtausgaben der öffentlichen Haushalte für das Schulwesen noch die Angabe von Ausgaben für Schüler- und SchülerInnenplätze ohne weiteres möglich" (Lassnigg 1994, 2).[5] „Insbesondere bestehen nach wie vor im Bereich der Bundesländer ganz grundlegende Informationslücken..." (ebd., 1), wobei „...im Bereich der Landeslehrer nicht einmal der

---

5 Aufgrund der internationalen und EU-Anforderungen hat sich dies geändert (UOE-Tabellen); diese Informationen waren zunächst mit großen Fehlern behaftet und wurden erst sukzessive verbessert.

Bund als Träger der Personalkosten einen näheren Einblick in die
Personalbewirtschaftung hat" (ebd., 3).[6]

1999 15-jähriges Jubiläum (Entwicklung eines Personalbewirtschaftungsmodells, das nie ausprobiert wurde)
„Bei gegebener Schüler- und Klassenzahl steigt der Bedarf nach Lehrpersonal, wenn die vorgesehenen Lehrplanstunden steigen und/oder wenn zusätzliche gegenstandsbezogene Klassenteilungen erfolgen. Es hat sich jedoch als unmöglich herausgestellt diese Aspekte im zeitlichen Verlauf zu operationalisieren. Die [...] Regelung führt dazu, dass aufgrund der vielen Gegenstände ein sehr breites und unübersichtliches Feld entsteht. [...] Diese Unübersichtlichkeit, die im Übrigen auch für [...] z.B. die gegenstandbezogenen Bewertungsfaktoren von Unterrichtsstunden zu Werteinheiten gilt, führt dazu, dass diese Faktoren letztlich nicht gesteuert werden können." (Lassnigg/Nemeth 1999, 3)[7]

2007 10-jähriges Jubiläum (IBW-Governance-Studie)
„Klare Entscheidungsstrukturen, Einbeziehung der Nutzer sowie *Übereinstimmung von Aufgaben, Kompetenz und Verantwortung* durch alle Instanzen der Schulverwaltung", Punkt II des „goldenen Weges" der Schulgovernance (Schmid/Hafner/Pirolt 2007, 8)

Quelle: Lassnigg et al 2007, Nachweise im Einzelnen: Van Dyck 1967; Clement, Sauerschnig 1977, 1978; Lassnigg 1994; Lassnigg, Nemeth 1999; Schmid, Hafner, Pirolt 2007.

---

6 In der Zwischenzeit wurden Schritte in Richtung Controlling gesetzt, die jedoch nur grobe Informationen beinhalten; nach der Reform sollen diese Informationen zentralisiert werden.

7 Für ein Projekt des BM für Unterricht weigerten sich vier Bundesländer (Kärnten, Salzburg, Tirol, Vorarlberg) ganz einfach, die erforderlichen Daten zu liefern oder haben unverwertbare Daten geliefert; wie spätere Auswertungen von Rechnungshofberichten zeigen, erhalten auch diese öffentlichen Kontrollinstanzen die im Rahmen der gesetzlichen Überprüfungen geforderten Informationen nicht ohne weitere Schwierigkeiten (vgl. Lassnigg et al. 2007 Abschnitt 4.2.6). Als wesentliche unkontrollierbare und unsteuerbare Kostenfaktoren haben sich die Lehrplanstunden mit den unterschiedlichen und teilweise wechselnden Gewichtungsfaktoren in Kombination mit den gegenstandsbezogenen Teilungsziffern herausgestellt.

Man darf nun jedoch diese gerade getätigten komplizierten Ausführungen nicht als Ergebnisse neuerer Forschung ansehen, die man rasch den Verantwortlichen zur Kenntnis bringen müsste, um sie möglichst rasch zum Handeln zu bewegen. Nein, diese Lücke ist seit Jahrzehnten ganz klar bekannt und wurde auch etwa alle 10 Jahre in größeren Forschungsprojekten (verschiedener politischer Provenienz) an die Verantwortlichen wiederholt (siehe beiliegende Zitate); bereits seit zwei Jahrzehnten versucht der Autor in verschiedenen Aktivitäten, diese Anforderungen zu verfolgen, mehr oder weniger ohne Erfolg (ein früherer Anlauf in den 1970ern wurde vom damaligen Finanzminister Hannes Androsch getätigt, vermutlich ein Grund, warum er sich auch heute noch in diesen Dingen engagiert; vgl. Androsch und Moser 2016, Kap. 6 und 10). Diese Nachweise müssen wohl ausreichen, um klarzumachen, dass nicht Unkenntnis hier der Punkt ist, sondern dass man von *organisierter Intransparenz* sprechen muss. Nebenbei sei darauf hingewiesen, dass die Problematik den verschiedenen statistischen Ämtern und Agenturen genauso bekannt sein muss wie den administrativ und politisch Verantwortlichen – entsprechende Schritte sind auch hier nicht zu erkennen. Ebenso hat in den Aktivitäten der Qualitätsentwicklung und Bildungsberichterstattung, bis zu den Festlegungen der aktuellen Reform, die Frage der Transparenz der statistischen Informationen bestenfalls eine marginale Rolle gespielt und musste mit den qualitativen Ansätzen wie auch mit den internationalen Leistungserhebungen konkurrieren (vgl. Eder et al. 2002).

Dabei geht es natürlich nicht um bewusste Verschwörungen. Ein erklärender Aspekt besteht darin, dass es sich um administrative Zahlen/Daten/Informationen handelt, die spontan die administrativen Strukturen widerspiegeln. Wenn also die Strukturen zersplittert und unzusammenhängend sind, dann sind es auch die in diesen Strukturen produzierten Informationen, *wenn nicht bewusst systematisch gegengesteuert wird.* Der unzusammenhängende Datenfriedhof entsteht also – das ist der zweite Erklärungsfaktor – einfach durch Unterlassung: Es gibt keine organisierende Instanz, die für eine übergreifende Systematik sorgen könnte. Damit ist der *dritte – übergreifende und wesentliche – Erklärungsfaktor für die Intransparenz der Finanzierung die Governance-Struktur* im politisierten Verteilungs-Föderalismus, verstärkt durch den Dualismus Schule-Lehre in der Berufsbildung.[8]

Anstelle einer Wiederholung von Appellen an die Verantwortlichen, den Anforderungen nach fünf Jahrzehnten vergeblicher Appelle ‚endlich' nachzukommen, sollen im Folgenden nur noch einige besonders drastische Beispiele unterlassener/ignorierter/kontraproduktiver Aktivitäten zur Illustration angeführt werden.

(1) Der Autor war in den frühen 1990ern erstmals involviert, im Auftrag des Bundesministeriums für Unterricht ein Verbesserungs-Konzept für das statistische Informationssystem zu erarbeiten (Lassnigg 1994). Fast ein Jahrzehnt später wurde im Rahmen des umfassenden Qualitätsentwicklungsmodells 2002 festgestellt, dass keiner der Vorschläge auch nur ansatzweise verwirklicht wurde (Lassnigg 2002).[9] Parallel und im Anschluss wurde ein Personalbewirtschaftungsmodell auf Basis einer Simulation wichtiger aggregierter (demografischer) Faktoren entwickelt (Lassnigg/Nemeth 1999), das einen groben Einblick in (damals) aktuelle und zukünftige Entwicklungen ermöglichte, das nie verwendet wurde, aber alle wichtigen heutigen ‚Sensationen' in diesem Bereich sichtbar machte.

(2) Eine bildungsspezifische Auswertung des Finanzrahmens 2013–18 zeigt eine Umstellung der statistischen Kategorien (Lassnigg, Vogtenhuber 2015b) im Jahr 2011, die eine neue Aufschlüsselung und teilweise eine neue Zuordnung von Einzelheiten vornimmt und jedenfalls die Entwicklung über die Zeit unvergleichbar und die Neuzuordnungen nicht direkt nachvollziehbar macht – abgesehen von der Zerstörung der Zeitreihen ist ein Zuwachs von Transparenz durch die Neuklassifikation nicht erkennbar.

---

8 Beispiele dafür, dass derartige Datenfriedhöfe organisierter Intransparenz keineswegs ein allgemeines österreichisches Charakteristikum sind, sondern eben eines speziell des Schulwesens, sind die vorbildlichen statistischen Unterlagen im Bereich des Arbeitsmarktservice (früher der Arbeitsmarktverwaltung) und der Sozialversicherungen sowie auch im Bereich der Universitäten und des Hochschulwesens.

9 Ein wichtiger Punkt dieser Vorschläge bestand darin, die Klassenteilungen und Leistungsgruppen-Organisation statistisch zu erfassen, da diese den entscheidenden politischen Indikator der Klassenschülerzahlen wesentlich beeinflussen; dies wurde nie in Angriff genommen, wäre aber auch nun bei der Umstellung auf die NMS ein wichtiger Indikator für den Vergleich der damit verbundenen Kosten.

(3) Eine besondere Groteske liegt im Bereich der Verwaltung und der Verwaltungsausgaben, wobei einerseits keine belastbaren Informationen verfügbar sind (und verschiedenste Phantasiezahlen kursieren), und andererseits die (phantasierten) Ressourcen gleichzeitig mehrfach verwendet werden und auch noch zu Einsparungen führen sollen; die statistisch ausgewiesenen Verwaltungsausgaben sind eher gering (Lassnigg, Vogtenhuber 2015b).

(4) Ein entscheidender Aspekt der In-Transparenz der Finanzierung des Schulwesens in Österreich sind die Stadt-Land-Unterschiede: Am Land sind die Schulen stark verstreut und in der Stadt sind sie konzentriert, das wird einerseits mit Notwendigkeiten für Förderung, andererseits mit ‚Economy of Scale' identifiziert. Diese Unterscheidung ist jedoch nicht treffsicher: Das Land ist im Prinzip ärmer, bietet aber einfachere Schulbedingungen, die Stadt ist im Durchschnitt reicher, aber gleichzeitig auch tendenziell polarisiert in ärmere und reichere und in leichte und schwierige Bedingungen; diese Unterschiede werden jedoch nicht dokumentiert, sie spielen in der Statistik keine Rolle (Lassnigg 2017). Es gibt extreme Unterschiede in den Ausgaben zwischen den Bundesländern, die argumentativ auf unterschiedliche ‚Bedarfe' zurückgeführt werden. Verschiedenste Auswertungsansätze im Zusammenhang mit dem Nationalen Bildungsbericht ergeben jedoch keine plausiblen Erklärungsmuster für die Unterschiede (Lassnigg et al. 2016).

Die aktuelle Reform gibt nur sehr unbestimmte Regelungen für die Verteilung der Mittel in den Ländern (mit der Möglichkeit, zentrale Verordnungen zu erlassen, deren Effekte bisher bekanntlich enden wollend waren) und die Möglichkeit der zentralen Verarbeitung der Personaldaten der Lehrpersonen. Von da zu einem transparenten System ist noch ein weiter Weg, wer den wirklich beschreiten will, ist nicht abzusehen (der Autor wird vielleicht noch das 60-jährige Jubiläum der ersten Rufe erleben).

Irr-rationale Logik der politischen Diskurse

Die Bildungsfinanzierung und insbesondere ihre Rolle in den bildungspolitischen Diskursen ist ein vielschichtiges Problem, obwohl viele der Beteiligten bemüht sind, dieses auf eine einfache Formel zu reduzieren: mehr Geld = mehr Bildung, und umgekehrt, weniger Geld

= weniger Bildung. Fest steht, dass es jedenfalls um erhebliche Mittel geht, im OECD-Schnitt ca. 5% des BIP, bzw. 11% des Staatshaushaltes. Gleichzeitig gibt es kein ‚objektiv richtiges' Ausmaß an Bildungsausgaben, was sich auch an der breiten Streuung zwischen den Minimal- und Maximal-Werten zeigt (zwischen 4% und 8% des BIP, bzw. zwischen 8% und 18% der staatlichen Ausgaben, jeweils ISCED 1–8 primärer bis tertiärer Bereich, also eine Spanne von 100 Prozent oder mehr). Als gewisse Krücke für die Beurteilung der Ausgabenhöhe wird der internationale Vergleich verwendet, der jedoch mit (sinkenden) Vergleichsproblemen und der Gefahr von Lizitierungen behaftet ist (Lassnigg und Steiner 2003; Steiner et al. 2005). Österreich liegt beim BIP etwas über (5,0%, 11. Rang von 34) und bei den Staatsausgaben etwas unter dem jeweiligen Durchschnitt (9,6%, 25. Rang von 33).

Im politischen Diskurs wird die Frage der Bildungsfinanzierung von den Beteiligten vornehmlich als ‚Sachproblem' dargestellt und diskutiert, tatsächlich geht es jedoch in höchstem Maße um ideologische und symbolische Aspekte. In den letzten Jahrzehnten überschneiden sich in diesem Bereich (abgesehen von den bereits ausführlich dargestellten Transparenzproblemen) international und national einige gravierende und widersprüchliche politische Thematiken, die eine sachliche Behandlung außerordentlich erschwert oder sogar verunmöglicht haben. Dabei geht es um die folgenden Aspekte, die dann etwas näher erläutert werden:

- Seit den 1980ern wird das (öffentliche) Bildungswesen gleichzeitig mit allerhöchsten uneinlösbaren gesellschafts-, sozial- und wirtschaftspolitischen Erwartungen belegt und – im Nachweis ihrer mangelnden Erfüllung – in eine Krisenstimmung versetzt, die mit hohem Reformdruck und Privatisierungsstrategien unterstrichen wird.
- Im politischen Wettbewerb zwischen Neoliberalismus und Sozialdemokratie hat sich eine politische Dynamik zwischen Delegitimierungs- und Kürzungspolitik einerseits und expansiver ‚Investitions'-Politik entwickelt, die paradigmatisch von Tony Blair verfochten wurde, aber im Zuge der ‚Third-Way'-Welle auch international gestrahlt hat (Blair 2001).
- Komplizierend ist dazu eine Konstellation getreten, die gleichzeitig zu den hohen Anforderungen an die Bildungspolitik auch die staatlichen Finanzprobleme (tw. im Übergang vom Steuerstaat in

den Schuldenstaat in den Konsolidierungsstaat interpretiert; Streeck 2015) in den Vordergrund rückten, was die Anforderungen und die Möglichkeiten in einen Gegensatz bringt.
- Die öffentlichen Bildungsstrukturen inklusive der etablierten Interessenvertretungen entsprachen nicht den neuen markt- und businessorientierten Organisations- und Managementmodellen, was zu teilweise gravierenden Umorganisierungen und weiterer Delegitimierung traditioneller Strukturen und Isolierung ihrer VertreterInnen führte (Fullan und Rincon-Gallardo 2016).

Vor dem Hintergrund dieser internationalen Bewegungen kam auch die österreichische Bildungspolitik – in hohem Ausmaß aufgrund von politischem Opportunismus – in gravierende Konflikte und Turbulenzen, in deren Mittelpunkt Fragen der Finanzierung standen:
- Es hatte sich in den 1990ern – zumindest auf ExpertInnenebene – ein gewisser sachlicher bildungspolitischer Konsens in Richtung Qualitätsentwicklung herausgebildet,[10] der aber auch von (konsensuellen) Maßnahmen der Sparpolitik zur Budgetsanierung,[11] und dem gewerkschaftlichen Widerstand dagegen, begleitet wurde.
- Mit der schwarz-blauen Regierungskonstellation wurde die politische Polarisierung wiederhergestellt und verstärkt, die seitens der oppositionellen SPÖ v.a. durch zwei Faktoren vorangetrieben wurde: erstens Ressourcenversprechungen wider besseres Wissen (Stichwort KlassenschülerInnenzahlen), und zweitens die politische Instrumentalisierung der PISA-Erhebung (die koinzidentell 2000 zu einem ‚passenden' Zeitpunkt stattgefunden hat), die den Vertrauensverlust verstärkt hat.
- In der anschließenden großen Koalition wurde die Reformrhetorik und -tätigkeit verstärkt und auch die Finanzierung wieder

---

10 Eine Reihe von Reformansätzen und -versuchen sind in dieser Periode zu verzeichnen: Inklusion, Autonomie-Novelle, Lehrplan 2000, Qualitäts-Masterplan und Weissbuch, TIMSS und dann PISA Teilnahme etc.; der Bericht der Zukunftskommission kann als Endpunkt dieser tendenziell kooperativen Periode gesehen werden, vgl. näher Lassnigg 2015a,b.
11 Vgl. die Auseinandersetzungen um die Sparpolitik nach dem EU-Beitritt rund um den Rücktritt von Finanzminister Lacina.

erhöht, was jedoch in die Mühle der Budgetsanierung und die Koalitionsstreitigkeiten („rote' Bildung vs. ‚schwarze' Finanzen) geführt hat.[12]
- Die Dynamik wurde dann durch die Initiative der Landeshauptleute verstärkt, die zu den aktuellen Reformen unter dem Paradigma der Kostenneutralität geführt hat, was logischerweise innerhalb des Bildungswesens einen Konflikt zwischen ‚alt' und ‚neu' hervortreibt, da bei jedem innovativen Vorhaben Ressourcen von anderen Bereichen direkt abgezogen werden müssen (was effektive Reformen von vorneherein hintertreibt), mit den ‚Verwaltungsausgaben' als fiktivem rhetorischem Puffer.

Vor dem Hintergrund dieser skizzierten Aspekte kann man die Irr-rationalitäten der Finanzierungsdiskurse besser verstehen und erklären. Die Erklärung enthält und erfordert somit unterschiedliche Elemente, die in unterschiedlichem Grad als ‚bewiesen' angesehen werden (können): (1) politische Einschätzungen über die Rolle der Bildung im Verhältnis zu anderen Grundfragen der Finanzpolitik in der Spannung zwischen den politischen Lagern[13] auf internationaler Ebene; (2) politische Einschätzungen zur parteipolitischen Akteurskonstellation in Österreich rund um das schwarz-blaue Abenteuer, v.a. seitens der Gusenbauer-SPÖ die Kombination von expansiven Finanzversprechen im Kampf gegen die ‚Sparpolitik' mit der Diskreditierung der Qualität durch den politischen Missbrauch von PISA; (3) die endemische Intransparenz der Finanzierungsstrukturen und -mechanismen.

---

12 Vgl. die jährlichen beschämenden Auseinandersetzungen um die sogenannten Infrastruktur-Schulden und -Defizite der Unterrichtsverwaltung im Rahmen der Budgeterstellung (nachdem immer stolz zusätzliche Mittel bewilligt worden waren).

13 Hier wird oft von der Auflösung der traditionellen Lager gesprochen, nach Ansicht des Autors ist dies – bei allen tatsächlichen Differenzierungen und Überschneidungen – letztlich irreführend; im Gegenteil kann man erstens in der Literatur auch zur Bildungspolitik zunehmend differenzierte Einschätzungen des Neoliberalismus finden (man muss sich hier in der Tat vor den Vereinfachungen der ‚Neoliberalismus-Keule' hüten), und zweitens kann auch eine erstarkende Gegenbewegung auf analytischer wie auch auf praktisch-politischer Ebene gesehen werden, vgl Adamson et al. 2016, Lassnigg [Rez.] 2016, NUT 2016.

Es wurde an anderen Stellen (Lassnigg 2016a, 2015ab) gezeigt, dass in der österreichischen Bildungspolitik eine besonders tiefe Kluft zwischen Sach-Politik (policy) und Macht-Politik besteht, wobei die vielfältigsten Bemühungen auf der policy-Ebene regelmäßig ohne viel Federlesen auf der Ebene der Macht-Politik konterkariert werden und damit fruchtlos ausfallen. *Das entscheidende Element auf der Ebene der Machtpolitik ist die Finanzierung.* Diese setzt sich aus zwei wesentlichen Bestandteilen zusammen: aus der Versprechung von mehr Mitteln im Kontext der symbolischen Auseinandersetzung um die Wertschätzung nach der Formel ‚*mehr Geld = mehr Wertschätzung*' (hier spielen die Interessenvertretungen eine entscheidende Rolle), und der tatsächlichen widersprüchlichen ‚kalt-warm'-Politik der *Kostenneutralität* im Kontext der Budgetkonsolidierung („ihr würdet ja mehr verdienen/brauchen können, aber wir haben halt nicht mehr; außerdem habt ihr eh schon Schulden, und so wenig bekommt ihr ja ohnehin nicht…').[14]

Die Finanzierung (=Wertschätzung) ist natürlich das Top-Politik-Thema für die Interessenvertretungen. Diese sind stolz, ‚möglichst viel herausgeholt' zu haben, aber können eine (zu) großzügige Finanzierung nicht zugeben, sie müssen ‚etwas zu fordern' haben. Daher wird nach Indikatoren gesucht (oder werden entsprechende Behauptungen aufgestellt), die ins Bild passen. Erschwerend kommt hinzu, dass die Interessenvertretungen international gravierend unter den Angriff des Neoliberalismus gekommen sind, was entsprechende Verteidigungsrhetoriken hervorruft, auch wenn der Angriff direkt gar nicht besonders spürbar ist. So wurden die Reformansätze der 1990er, v.a. die ‚Autonomisierungspolitik' (die zunächst politisch übergreifend getragen wurde) als ‚Sparpolitik' bekämpft, was durchaus einen wahren Kern hatte, da versucht wurde, *die ver-*

---

14 Im Rahmen eines Projektes für die AK wurde versucht, die tatsächlichen Finanzbedarfe näher zu benennen, wobei die Versuche ziemlich im Morast der Intransparenz stecken geblieben sind (Lassnigg, Vogtenhuber 2015b). Eine Auswertung des Finanzrahmens 2013–18 hat ergeben, dass entgegen allen Beteuerungen von allen Seiten, bei Bildung dürfe nicht gespart werden, die Vorgaben sehr wohl bei den Bildungsausgaben restriktivere Entwicklungen vorgesehen haben. In informellen Diskussionen mit Stakeholdern über dieses Ergebnis war ‚natürlich' niemand überrascht und die regelmäßige Antwort lautete in etwa: ‚ja, ja, aber wo soll man denn sonst sparen…?'

gleichsweise hohen Ausgaben zu dämpfen. Mit der Verschiebung des Ministeriums zur ÖVP und dann insbesondere mit Schwarz-Blau wurde die Finanzierung seitens der SPÖ zu einer zentralen Frage des Politikwettbewerbs gemacht. Man kann hier die kraftvolle Rhetorik von Tony Blair (2001) als ‚Blaupause' für die Wahlkampf- und spätere Politikrhetorik der SPÖ geradezu mit Händen greifen.

Die ikonografische – und heute teilweise noch ideologisch nachwirkende – Darstellung der Bildungsfinanzierung in Österreich in Education at a Glance (OECD 2002, S.153) zeigt jedoch den Unterschied: Die Ausgaben in UK 1995–99 waren etwa halb so groß wie in Österreich, und trotz der tatsächlichen Einsparungen hatte Österreich seine Spitzenposition von 1995 bis 1999 noch gesteigert.[15] Wenn man davon ausgeht, dass die PISA 2000 Ergebnisse Resultat der Beschulung des vorangegangenen Jahrzehnts waren, so waren jedenfalls beide Koalitionsparteien teilweise ‚zuständig', und auf welche Faktoren immer die Ergebnisse zurückgeführt werden können, *zu wenig Finanzmittel konnten es jedenfalls nicht sein*; und umgekehrt konnte eine Verbesserung durch mehr Finanzmittel auch nicht erwartet werden.

In dieser Situation den politischen Fokus auf die Ressourcenerweiterung zu legen, kann nur als opportunistische Verantwortungslosigkeit gesehen werden, und man muss sich nicht wundern, wenn aus dieser verfehlten Grundkonstellation irr-rationale Diskurse entstehen. Die Tabelle 1 zeigt auch, dass nach einer gewissen Kostendämpfung in der Schwarz-Blauen Periode (im ersten Jahr erfolgte real tatsächlich eine Einsparung), in den späteren 2000ern die Versprechen einer Ressourcenexpansion auch eingehalten wurden.[16] Die Finanzie-

---

15 Siehe die Darstellungen in Anhang 1 der erweiterten Fassung sowie das Faksimile der OECD-Darstellung, die die nach wie vor herausgehobene Positionierung Österreichs zeigen: http://www.equi.at/material/finanz-SH-17.pdf

16 Wenn man sich an die Auseinandersetzungen um die ‚Sparpolitik' und die ‚Sparpakete' in den 1990ern erinnert, die von beiden Regierungsparteien getragen wurden (und im Zusammenhang mit Auseinandersetzungen mit dem ÖGB auch zum Rücktritt von SP-Finanzminister Lacina 1995 geführt haben), so zeigt die Darstellung, dass zwar 1996 und 1997 eine gewisse Dämpfung stattgefunden hat, die jedoch in den beiden folgenden Jahren bei Weitem überkompensiert wurde (vgl. auch die internationale Position in Darstellung 2).

Tabelle 1: Entwicklung der Bildungsausgaben 1995–2011, nominell und real zu Preisen 1995

	Gesamte öffentliche Bildungsausgaben					
	nominell			real (Preise 1995)		
	Mio. EURO	Index 1995 =100	Änd.z. Vorj. (Mio. EURO)	Mio. EURO	Index 1995 =100	Änd.z. Vorj. (Mio. EURO)
1995	10.605,8	100		10.605,8	100	
1996	10.725,3	101	+119,5	10.622,6	100	+16,8
1997	10.743,5	101	+18,2	10.638,4	100	+15,8
1998	11.101,5	105	+358,0	10.971,3	103	+332,9
1999	11.601,7	109	+500,2	11.401,6	108	+430,3
2000	11.654,6	110	+52,9	11.243,0	106	-158,6
2001	12.008,6	113	+354,0	11.378,4	107	+135,4
2002	12.254,3	116	+245,7	11.484,5	108	+106,1
2003	12.617,7	119	+363,4	11.674,1	110	+189,6
2004	12.850,3	121	+232,6	11.712,5	110	+38,4
2005	13.337,3	126	+487,0	11.858,7	112	+146,2
2006	13.998,0	132	+660,7	12.246,1	115	+387,5
2007	14.616,1	138	+618,1	12.543,4	118	+297,3
2008	15.463,5	146	+847,4	13.075,5	123	+532,1
2009	16.505,6	156	+1.042,1	13.739,5	130	+663,9
2010	16.867,5	159	+361,9	13.931,1	131	+191,7
2011	17.343,2	164	+475,7	14.107,0	133	+175,9

Quelle: Adaptiert von Lassnigg/Vogtenhuber 2015a; gesamte Bildungsausgaben inkl. Tertärstufe; aufgrund verschiedenster Datenumstellungen ist es schwierig längerfristige konsistente Zeitreihen zu konstruieren; vgl. auch grafische Darstellung in erweiterter Fassung: http://www.equi.at/material/finanz-SH-17.pdf

rung blieb dennoch ein ständiges Streitthema, und ist es heute noch.[17] Es wurde oben bereits auf den eher ‚technischen' Aspekt der Intransparenz verwiesen, es gibt aber auch einen politischen Aspekt, der unlösbar mit der Mehrebenen-Struktur des österreichischen Verteilungsföderalismus, und den darauf aufbauenden komplexen Zuständigkeitsstrukturen und Finanzflüssen verbunden ist, die wesentlich zu den endemischen Informationslücken beitragen.

Worin besteht diese politische Intransparenz? Es gibt hier auf der einen Seite eine Menge an Detailregelungen zu verschiedensten Aspekten der Finanzierung, die vordergründig zu einer transparenten Mittelverteilung führen sollten (KlassenschülerInnenzahlen, Dienstrecht und Kollektivverträge, Dienstpostenpläne, Werteinheiten und Gewichtungsfaktoren, Verteilungsregeln im Finanzausgleich, Controlling-Vorschriften, Bauvorschriften, Verwaltungsrecht, etc.), während andererseits im Pflichtschulbereich überaus starke Unterschiede zwischen den Ausgaben pro SchülerIn nach Bundesländern bestehen: Die Ausgaben pro SchülerIn variieren um +/- 10 Prozent gegenüber dem Durchschnitt (Tabelle 2; siehe auch ausführlich Lassnigg et al. 2016). Die AHS als ‚Bundesschulen' zeigen demgegenüber viel geringere Unterschiede (+/- 1 bis 2 Prozent).[18] Die naheliegende Standard-Erklärung aus föderalistischer Sicht besteht darin, dass die Unterschiede eben die Anpassung an die unterschiedlichen Gegebenheiten ausdrücken würden. Nähere Auswertungen ergeben jedoch keine systematischen Erklärungsfaktoren, schon allein die Anordnung der Bundesländer ergibt kein plausibles Bild (Burgenland, Steiermark, Kärnten mit den höchsten Ausgaben, Oberösterreich undW Tirol mit den niedrigsten Ausgaben).

---

17 Auch im Wahlkampf 2017 war eine Hauptaussage ‚wenn man eine gute Bildung für unsere Kinder will, dann muss man (mehr) investieren'

18 Bei diesen Vergleichen kommt eine wesentliche Quelle der Intransparenz zum Tragen, die darin besteht, dass es keine übergreifende Definition (und entsprechend auch keine statistische Darstellung) der Pflichtschule gibt, da die AHS-Unterstufe daraus ausgenommen ist. Die Pflichtschule als fiskalische Größe besteht aus Volksschule, Hauptschule, NMS, Sonderschule und Polytechnische Schule.

Tabelle 2: Ausgaben pro SchülerIn, Landes- und Bundesschulen (Index im Vergleich zu Österreich=100)

	LÄNDER: alle Pflicht-Schulen	BUND: AHS gesamt	Unterschied AHS-Pflicht-schulen (Index-punkte)	GEMISCHT: Mittelstufe (AHSUnt +NMS+HS)
Burgenland	111	102	-9	109
Steiermark	107	100	-7	106
Kärnten	106	101	-6	104
Niederöst.	102	101	-1	105
Vorarlberg	100	102	+2	99
Öst.=100	100	100	0	100
Wien	99	99	0	92
Salzburg	98	101	+4	95
Oberöst.	94	99	+5	99
Tirol	94	100	+6	95

Quelle: IHS-Berechnungen aus Bildungsevidenz, Lehrercontrolling; vgl. auch grafische Darstellung in erweiterter Fassung: http://www.equi.at/material/finanz-SH-17.pdf

Die Unterschiede bei den Pflichtschulen bedingen ganz unterschiedliche Konstellationen zu den AHS, die in Tirol und Oberösterreich verhältnismäßig ‚teuer' und in Burgenland, Steiermark, Kärnten verhältnismäßig ‚billig' sind; auch zwischen den Kosten der ‚Mittelstufe' als Kombination von Hauptschulen, NMS und AHS-Unterstufe und den AHS bestehen starke Unterschiede, die nicht ohne weiteres erklärbar sind. Diese ergeben sich aus der Kombination der Politiken, die mit den verschiedenen Schultypen der Mittelstufe in den Ländern gemacht werden: In einigen Bundesländern entsprechen die Kosten der Mittelstufe etwa denen der Pflichtschule (Burgenland, Steiermark, Vorarlberg, Tirol), in Wien liegen sie deutlich darunter, in Oberösterreich und Niederösterreich deutlich darüber. Zeitreihenauswertungen der Ausgaben für die Volksschulen zeigen, dass die meisten Bundesländer aufgrund des demografischen Rückganges ihre Pro-Kopf-Ausgaben deutlich (von einem bereits hohen Niveau) weiter steigern konnten (was aufgrund der vorschriftsmäßigen Koppelung der Finanzen an die SchülerInnenzahlen eigentlich nicht sein kann), während Wien für die Zuwanderung keine Kompensation bekommen hat. Überdies zeigt die länderweise Gegenüberstellung der Ausgaben mit den Ergebnissen der Bildungsstandards *so gut wie keine besseren Ergebnisse bei höheren Ausgaben* (siehe Lassnigg et al. 2016, Lassnigg 2015a, sowie Anhang 2 in der erweiterten Fassung[19]).

Die politische Intransparenz besteht also darin, dass trotz eines ausgeprägten Netzes an Vorschriften die Verteilung der Mittel nicht ohne weiteres erklärbar ist. Auch dies untergräbt das Vertrauen. Die aktuelle Reform versucht im Namen der ‚Autonomie' einen Teil dieser Vorschriften zu lockern (KlassenschülerInnenzahl), was auf der anderen Seite wieder neue Forderungen nach Sicherheit hervorgerufen hat (Festschreibung der gegebenen Relationen). Grundsätzlich wird den neuen Bildungsdirektionen auf Basis sehr allgemeiner Bestimmungen wiederum freie Hand bei der Verteilung der Mittel gegeben, und dem Ministerium wird die Möglichkeit einer Verordnung eingeräumt (hier kennt man aus der Vergangenheit die Einhaltung derartiger Vorschriften). Die Personalinformationssysteme sollen zentral zusammengefasst werden, was die Möglichkeit der Transparenz eröffnet, aber keinerlei Garantie für ihre Umsetzung gibt. Die vorgesehenen Berichtspflichten zur Qualität sehen diesen Aspekt nicht vor.

Ein weiterer Aspekt der politischen Intransparenz besteht darin, dass nicht wirklich klar ist, wie die verschiedenen Finanzierungsebenen ineinandergreifen, und inwieweit beispielsweise die budgetpolitischen Prioritäten in die anderen Ebenen eingreifen können. Es hat den Anschein, dass für die Landesschulen über den Finanzausgleich eine Finanzierungsverpflichtung besteht, während im Bund größere Einflussmöglichkeiten bestehen (beispielsweise wurden die KlassenschülerInnenzahlen in der Vergangenheit in angespannten Situationen immer wieder außer Kraft gesetzt).

---

19 vgl. http://www.equi.at/material/finanz-SH-17.pdf

Empirische Anhaltspunkte und Probleme der Finanzierung

Im Beitrag zum Nationalen Bildungsbericht 2015 zur Finanzierung (vgl. Lassnigg et al. 2016) wird umfangreiches empirisches Material zusammengefasst, das eine gewisse Gesamteinschätzung der Bildungsfinanzierung ermöglicht, die durch die organisierte Intransparenz begrenzt ist. Obwohl die Analysen und Einschätzungen in diesem Dokument wohl zumindest einen ‚offiziösen' Status haben, lösen diese – wie auch übrigens viele andere Analysen – keine diskursiven Reaktionen aus, so viel zur sogenannten ‚faktenbasierten Politik': Fakten, die nicht ins Konzept passen, umschreiben, unterdrücken oder am besten ‚nicht einmal ignorieren'! Folgende Einschätzungen werden durch die empirischen Analysen nahegelegt:

- Insgesamt nimmt der Anteil der Schule an den Bildungsausgaben ab, die frühe Erziehung und die Hochschulen gewinnen an Terrain, das entspricht auch politischen Prioritätensetzungen.
- Die ‚goldene Zeit' der exorbitant hohen Ausgaben der späten 1990er ist vorbei, aber bei den für die Praxis relevanten Pro-Kopf-Ausgaben (und damit verbundenen Ressourcenindikatoren wie SchülerInnen/LehrerInnen-Relationen oder KlassenschülerInnenzahlen) hat Österreich im Vergleich eine gute Position, was – relativ gesehen – auf eine ‚vergleichbar ausreichende' Ressourcenausstattung hinweist (zum ‚absoluten Ressourcenbedarf' siehe weiter unten).
- In der Unterscheidung zwischen den Teilbereichen des Bildungswesens sind v.a. die Volksschulen und die vorschulischen Einrichtungen eher geringer oder unterdurchschnittlich dotiert (entgegen allgemeiner Ansicht nicht jedoch die tertiären Einrichtungen; Übersicht Lassnigg 2016b, 42–45).
- Die absoluten Volumina in Form der Ausgaben im Verhältnis zum gesellschaftlich-wirtschaftlichen Reichtum (BIP) sind im Vergleich zurückgefallen und liegen unterdurchschnittlich, v.a. weil die Ausgaben anderswo stärker gestiegen sind (dies wird auch von den Interessenvertretungen als Zeichen für Mehrbedarf gewertet), diesen niedrigeren Volumina entsprechen aber auch insgesamt vergleichsweise geringere Beschulungsquoten und -zeiten (SchülerInnenstunden).
- Auch die Indikatoren zum Personal ergeben einerseits eher güns-

tige Ressourcenindikatoren (SchülerInnen-LehrerInnen-Relationen und KlassenschülerInnenzahlen) und andererseits auch geringe oder durchschnittliche Stundenbelastungen und (im Gegensatz zur verbreiteten öffentlichen Rhetorik) auch günstige Gehaltssituationen sowohl nach Schemagehältern von Karrierebeginn an, als auch nach den Relationen der aktuellen Gehälter im Vergleich zu ähnlichem Ausbildungsniveau.

Darstellung 2: Zusammenhang zwischen Ressourcenzuteilung und sozialer Benachteiligung des Schulstandortes in Volksschulen und Hauptschulen/NMS: Durchschnittliche Zahl der SchülerInnen (Median) pro Vollzeitäquivalent Lehrkraft

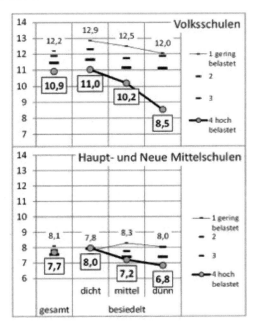

Quelle: eigene Darstellung aufgrund von NBB 2015, Bd.II, Tab. 8.3, S.334; VS Volksschulen, HS nur Hauptschulen, NMS nur Neue Mittelschulen, HSNMS zusammen; Kennung 1–4 sozialer Status der Schule von geringer Belastung (1) bis hoher Belastung (4); vgl. die ausführlichere Darstellung auch von Hauptschulen und NMS getrennt, sowie die Verteilung der Ressourcenindikatoren innerhalb der regionalen Kategorien in der erweiterten Fassung: http://www.equi.at/material/finanz-SH-17.pdf

- Die aufgrund der ineffizienten Governance-Strukturen weitgehend verdeckten und unsichtbaren Stadt-Land-Unterschiede sind das gravierendste Verteilungsproblem in der österreichischen Bildungsfinanzierung, das gleichzeitig die Unfähigkeit des politisierten Verteilungsföderalismus für einen effizienten Ressourceneinsatz demonstriert; dabei besteht das Problem darin, dass – unter dem Deckmantel von falsch verstandenen ‚Economies of Scale' – die benachteiligten städtischen Bereiche/Schulen geringere Ressourcen bekommen als die regional verstreuten gut dotierten ländlichen Schulen (Lassnigg 2017). Die Visualisierung einer Tabelle aus dem Nationalen Bildungsbericht 2015 zeigt sowohl die Stadt-Land-Ungleichheit als auch die teilweise erratischen Verteilungen sehr deutlich (Darstellung 2; vgl. auch die ausführlicheren Darstellungen in der erweiterten Fassung[20]). Bei den Durchschnittswerten haben sowohl in den VS als auch in den HS die vergleichsweise hoch belasteten Schulen in den *ländlichen Gebieten bessere Betreuungsrelationen* als in den städtischen Gebieten, obwohl die Problembelastung in den städtischen Gebieten sicher höhere Ressourcenerfordernisse stellt (die NMS machen geringere Unterschiede), die Verteilungsmaße zeigen teilweise erratische Unterschiede, aber in der Tendenz ist die Ungleichheit der Ressourcenverteilung in den hoch belasteten Schulen höher als in den wenig belasteten Schulen;[21] berücksichtigt man die Abstufungen der Belastung von 1–4, so ist hinter den Durchschnittswerten eher keine sachliche Systematik zu vermuten (diese Struktur ist aber mit der häufigen Vermutung von vorwiegend politisch motivierten Verhandlungslösungen kompatibel: ‚der oder die kriegt, was ich nicht kriege…').[22]

---

20 vgl. http://www.equi.at/material/finanz-SH-17.pdf
21 Dies könnte teilweise das unterschiedliche Engagement von Schulen (DirektorInnen) im Umgang mit der Zuwanderung ausdrücken, siehe dazu näher Lassnigg und Steiner 2017.
22 Die Reform überlässt die Verteilung der Mittel den Bildungsdirektionen ohne echte Transparenzverpflichtung und ohne Rechtssicherheit der Schulen auf Mittel entsprechend ihrer Bedingungen, es bleibt also im Prinzip beim Alten, siehe http://www.equi.at/de/projekte/schwerpunkt/7/Stellungnahme+zum+Schulreformpaket+2017.

- Es ist bei dieser Verteilung nicht verwunderlich, dass zwischen den Ressourcenindikatoren und den durch die Bildungsstandards erfassten Ergebnissen keine Zusammenhänge zu sehen sind, was aber offensichtlich niemanden oder kaum jemanden daran hindert, eine Verbesserung der Ergebnisse hauptsächlich von einer Steigerung der Ressourcen zu erwarten.

Fazit und Ausblick

Nach den präsentierten Analysen liegen die Probleme der Bildungsfinanzierung nicht in einem insgesamt zu niedrigen verausgabten Finanzvolumen, sondern gleichgewichtig erstens in der *Verteilung* dieses Volumens und zweitens in der *Irr-rationalität des politischen Diskurses* um die Finanzfragen, an dem sozusagen endemisch überhaupt nichts stimmt. Die Herstellung von Transparenz über die Verteilung der Mittel ist eine unabdingbare Forderung, diese ist notwendig (ohne echte Transparenz kann hier nichts verbessert werden), aber Transparenz im Sinne besserer Information ist bei weitem nicht hinreichend: sie muss auch politisch umgesetzt werden (ohne dann nur in den ‚Kampf um die richtigen Zahlen' zu münden).

In der *politischen Umsetzung* der Transparenz scheinen folgende Aspekte oder Bedingungen entscheidend zu sein:

(1) Die Frage der adäquaten Verteilung der Mittel muss auf allen Ebenen kompetent prozessiert werden (nicht nur im Ministerium oder im Rechnungshof), dabei wird auch die Frage der Rolle von privaten oder privatrechtlichen Mitteln an Bedeutung gewinnen, die kompetent und sorgfältig behandelt werden muss.

(2) Die komplexen Finanzflüsse und ihre Festlegung zwischen den Ebenen (Parlament, Finanzministerium, Bund-Länder-Gemeinden, Interessenvertretungen, bis in die Schule) müssen (wenn sie schon nicht zu ändern sind) in ihrer politischen Seite klargelegt und verstanden werden.[23]

---

[23] Aus den Diskussionen und Auseinandersetzungen um die jüngste Reform schließt der Autor, dass niemand (auch nicht die zentralen Verantwortlichen und Stakeholder) diese Zusammenhänge wirklich insgesamt kennen und verstehen; beispielsweise ist nicht klar, inwieweit die versprochene Ressourcensicherung tatsächlich (z.B. gegenüber politischen Budget-‚sanierungs'-vorgaben) eingelöst werden kann; auch ist nicht klar, wie auf-

(3) Entsprechend den beiden vorstehenden Punkten muss mit der verantwortungslosen Verwendung der Finanzen für symbolische Politik von allen Seiten Schluss gemacht werden (und dafür gibt es ja wirklich viele Verführungen und Ansatzpunkte, dem Gegner ‚eines auszuwischen'); ein wichtiger Aspekt der symbolischen Politik ist das geradezu absurde Spiel um die Mehrfachverwendung der mysteriösen ‚Verwaltungsausgaben'.

(4) Die eingebürgerte Praxis der ‚ausgaben- oder kostenneutralen Reformen oder Entwicklungen' mag vordergründig bei insgesamt hohen Ausgaben als gerechtfertigt erscheinen, muss aber bei tatsächlichem Entwicklungsbedarf aus zwei Gründen kontraproduktiv wirken, erstens weil Entwicklungen Ressourcen und Zeit brauchen, zweitens weil ein Nullsummenspiel zwischen Reform- und Beharrungskräften entsteht, in dem die letzteren zunächst eher stärker sind und die ersteren in eine defensive Grundposition geraten, so dass insgesamt viel Raum für symbolische Politik und für die Interessenvertretungen entsteht.

(5) Im Rahmen der Transparenz wäre der Finanzbedarf für Entwicklungsaktivitäten zu klären und freizumachen, ohne die Konfliktpositionen zu betonen und zu verstärken.

Abschließend bleibt festzustellen, dass es – entgegen vielfachen Erwartungen und Argumentationen – ein objektiv ‚richtiges' absolutes Niveau der Bildungsfinanzen nicht gibt und nicht geben kann, und daher das Niveau letztlich durch politische Bewertungen bestimmt wird (Lassnigg 2015c).[24] Gleichzeitig kann es natürlich ‚immer mehr' bzw. ‚immer zu wenig' sein, und es können immer mit mehr Ressourcen auch bessere Ergebnisse erzielt werden – es muss also ein realistischer Umgang mit den Ressourcen gefunden werden, was durch die Rhetorik der symbolischen Politik verhindert wird.

---

grund der gegebenen Controlling-Bestimmungen derartige Unterschiede (und auch Unstimmigkeiten, z.B. gegenüber der Demografie) zwischen den Bundesländern auftreten können, wie sie tatsächlich auftreten (eine befriedigende Erklärung dafür steht jedenfalls aus, es wird ‚nicht einmal ignoriert'.)

24 Lassnigg, Lorenz (2015c), Epilog: Bewertung, Wertgebung, Inwertsetzung von Wissen – Jonglieren mit ‚Black-Boxes'? in: Dietzen, Agnes; Powell, Justin J. W.; Bahl, Anke; Lassnigg, Lorenz (Hrsg.), Soziale Inwertsetzung von Wissen, Erfahrung und Kompetenz in der Berufsbildung, Weinheim und Basel: Beltz-Juventa, S. 391–424.

Literatur

Adamson, Frank; Åstrand, Björn; Darling-Hammond, Linda (Hg.) Global Education Reform. How Privatization and Public Investment Influence Education Outcomes. Abingdon: Routledge

Androsch, Hannes; Moser, Josef (2016) Einspruch. Der Zustand der Republik und wie sie noch zu retten ist. Wien: edition a

Blair, Tony (2001) Full text of Tony Blair's speech on education, Speech by Rt Hon Tony Blair, The prime minister launching Labour's education manifesto at the University of Southampton. 23 May 2001 https://www.theguardian.com/politics/2001/may/23/labour.tonyblair

Bruneforth, Michael; Chabera, Bernhard; Vogtenhuber, Stefan; Lassnigg, Lorenz (2015), OECD Review of Policies to Improve the Effectiveness of Resource Use in Schools: Country Background Report for Austria, OECD Education, Paris. http://www.equi.at/dateien/OECD-resources-AT.pdf

Clement, Werner, Sauerschnig, Richard (1977): Empirische Grundlagen und Konzepte einer Bildungsfinanzpolitik in Österreich (Kurzfassung), Forschungsbericht. Wien.

Clement, Werner, Sauerschnig, Richard (1978) Empirische Grundlagen und Konzepte einer Bildungsfinanzpolitik in Österreich. Wien: Orac.

Eder, Ferdinand et al., Hg. (2002) Qualitätsentwicklung und Qualitätssicherung im österreichischen Schulwesen. Innsbruck: StudienVerlag.

Fullan, Michael; Rincon-Gallardo, Santiago (2016) Developing high-quality public education in Canada. The case of Ontario. In: Adamson, Frank; Åstrand, Björn; Darling-Hammond, Linda (Hg.)Global Education Reform. How Privatization and Public Investment Influence Education Outcomes. Abingdon: Routledge 169–193.

Lassnigg, Lorenz (1994). Finanzielle Aspekte der Schulentwicklung. Zusammenfassung. Forschungsbericht des IHS. Wien.

Lassnigg, Lorenz; Felderer, Bernhard; Paterson, Iain; Kuschej, Hermann; Graf, Nikolaus (2007). Ökonomische Bewertung der Struktur und Effizienz des österreichischen Bildungswesens und seiner Verwaltung (Projektbericht, Endbericht; Studie im Auftrag des BMUKK). http://www.equi.at/dateien/ihs_oekbew.pdf

Lassnigg, Lorenz; Nemeth, Günther (1999): Personalbedarf im österreichischen Schulwesen, Teil II, Forschungsbericht des IHS, Wien.

Lassnigg, Lorenz (2002) Moderne Bildungsstatistik als Teil eines System-Monitorings, in: Eder, Ferdinand et al., Hg. (2002) Qualitätsentwicklung und Qualitätssicherung im österreichischen Schulwesen. Innsbruck: Studien-Verlag, 225–239.

Lassnigg, Lorenz (2015a) Politics – Policy – Practice. Eckpunkte einer sinnvollen Weiterentwicklung des Schulwesens. IHS-Forschungsbericht für AK (Oktober). Langfassung: http://www.equi.at/dateien/ak-reform-lang.pdf; Kurzfassung: http://www.equi.at/dateien/ak-reform-kurz.pdf; Präsentation: http://www.equi.at/dateien/ak-reform-praes.pdf

Lassnigg, Lorenz (2015b), Die ersten 20 Jahre EU in der österreichischen Bildungspolitik. Vorsichtige Distanz, Verwirrung, akzentuierte Kritik, produktive Nutzung, opportunistische Anpassung..., in: Maurer, Andreas; Neisser, Heinrich; Pollak, Johannes (Hrsg.), 20 Jahre EU-Mitgliedschaft Österreichs, Wien: Facultas, S. 147–165. http://www.equi.at/dateien/draft-eu-20-ext.pdf

Lassnigg, Lorenz (2015c), Epilog: Bewertung, Wertgebung, Inwertsetzung von Wissen – Jonglieren mit ‚Black-Boxes'? in: Dietzen, Agnes; Powell, Justin J. W.; Bahl, Anke; Lassnigg, Lorenz (Hrsg.), Soziale Inwertsetzung von Wissen, Erfahrung und Kompetenz in der Berufsbildung, Weinheim und Basel: Beltz-Juventa, S. 391–424.

Lassnigg, Lorenz (2016a), Faktenbasierte Anregungen für eine neue Kultur in der Bildungspolitik und Bildungsreform: Kooperation und Augenmaß, in: IHS Policy Brief, Nr.14, Wien. http://irihs.ihs.ac.at/4051/

Lassnigg, Lorenz (2016b) Finanzierung, Strukturen und Governance im österreichischen Bildungswesen. Präsentation im Symposium 'Führung, Steuerung, Governance – Theorie und Praxis' an der PH Steiermark 6.12.2016, Graz. http://www.equi.at/dateien/graz-dec-16-pdf.pdf

Lassnigg, Lorenz [Rez.] (2016): Democratic education. Rezension zweier Bücher aus dem US-amerikanischen Raum. In: Magazin erwachsenenbildung.at. Ausgabe 28, 2016. Wien (online) https://erwachsenenbildung.at/magazin/16-28/15_lassnigg.pdf

Lassnigg, Lorenz (2017), Urban Education in Austria: 'Repression' of the Topic and a 'Reversed' Political Agenda, in: Pink, William T.; Noblit, George W. (eds.), Second International Handbook of Urban Education, 2017, Springer, Cham, Switzerland, pp. 1307–1333. http://www.equi.at/dateien/urban-education-hp.pdf

Lassnigg, Lorenz; Steiner, Mario (2017) Wer zu spät kommt? – jahrzehntelange Verdrängung der Zuwanderung in der Bildungspolitik und steigende Polarisierung zwischen Kosmopolitismus und ‚christlichem Deutsch-Patriotismus'. Draft, online http://www.equi.at/material/GB-fest-1stdraft.pdf

Lassnigg, Lorenz; Bruneforth, Michael; Vogtenhuber, Stefan (2016) Ein pragmatischer Zugang zu einer Policy-Analyse: Bildungsfinanzierung als Governance-Problem in Österreich. In NBB 2015 Bd.II, S.305–352. https://www.bifie.at/public/downloads/NBB2015/NBB_2015_Band2_Kapitel_8.pdf

Lassnigg, Lorenz; Vogtenhuber, Stefan (2015a) Challenges in Austrian educational governance revisited. Re-thinking the basic structures. (May) IHS Sociological Series 107. http://www.ihs.ac.at/fileadmin/public/soziologie/pdf/rs107.pdf

Lassnigg, Lorenz; Vogtenhuber, Stefan (2015b) Zukunftsausgaben Unterricht, Wissenschaft und Forschung im Finanzrahmen bis 2018 – einige deskriptive Ergebnisse und Darstellungen. IHS-Forschungsbericht. Wien http://www.equi.at/dateien/AK-FinanzR-2018.pdf

Lassnigg, Lorenz; Steiner, Peter M. (2003) Die tertiären Bildungsausgaben Österreichs im internationalen Vergleich. Begriffsabgrenzungen und Meldepraxis in den Ländern Österreich, Deutschland, Finnland, Niederlande, Schweden und Schweiz. Endbericht. IHS-Forschungsbericht. http://www.equi.at/dateien/tertiaerebildungsausgaben.pdf

NUT (National Union of Teachers) (2015) Reclaiming schools. The evidence and the arguments. Stand Up for Education, http://www.teachers.org.uk/files/reclaimingschools-essays-9963.pdf

Schmid, Kurt, Hafner, Helmut, Pirolt, Richard (2007): Reform von Schulgovernance-Systemen. Vergleichende Analyse der Reformprozesse in Österreich und bei einigen PISA-Teilnehmerländern. ibw-Schriftenreihe Nr. 135, Wien: IBW.

Steiner, Peter M.; Lassnigg, Lorenz; Vogtenhuber, Stefan (2005) Analyse der österreichischen Bildungsausgaben für den Elementarbereich bis zum postsekundären nicht-tertiären Bereich (ISCED 0–4). IHS-Forschungsbericht.

Streeck, Wolfgang (2015) The Rise of the European Consolidation State. MPIfG Discussion Paper 15/1. Max-Planck-Institut für Gesellschaftsforschung, Köln (Februar). http://www.mpifg.de/pu/mpifg_dp/dp15-1.pdf

Van Dyck, P.C. (1967): Die Finanzierung des Schul- und Bildungswesens in Österreich einschließlich einer Vorausschätzung der öffentlichen Ausgaben für das Bildungswesen in den Jahren 1970 und 1975, in: BM für Unterricht (1967) Erziehungsplanung und Wirtschaftswachstum 1965–1975. Bildungsplanung in Österreich Bd.I., Wien.

Gabriele Lener und Sonja Nakowitz

Die freie Wahl? Schulwahl und Bildungssegregation im Grätzl

Zur Ausgangslage

Gegenwärtige Diskussionen und mehr oder weniger offene Fragen in der Bildungspolitik sorgen für Verunsicherungen in allen Bereichen des Bildungswesens und unter allen Gruppen von Betroffenen. Werden Schulen zu Schulverbünden verclustert und wer entscheidet das bzw. was soll das bringen? Können sich alle Kinder auf eine qualitätsvolle Inklusion im Regelschulwesen verlassen? Werden Ganztagsschulen ausgebaut oder auf bloße Betreuungseinrichtungen reduziert und wem stehen sie offen? Wird in der neuen Lehrer*innenausbildung neuen Herausforderungen im Bildungswesen entsprochen oder alter Wein in neuen Schläuchen serviert? Und schließlich: Wie wird der Tatsache begegnet, dass gerade in Österreich Bildung in besonders hohem Maße vererbt und damit soziale Ungleichheit im Bildungssystem reproduziert wird?

Angesichts all dieser und vieler anderer offener Fragen nimmt es wunder, dass in den von Seiten „der Politik" formulierten Bildungs-"reform"vorhaben kaum Ziele definiert sind und somit, was immer entschieden wird oder nicht, der Eindruck eines ziemlich planlosen Aktionismus entsteht, der sich zentralen Problemen nicht stellt. Das massivste Problem scheint uns die **soziale Selektivität** im österreichischen Bildungswesen zu sein, die weder neu noch unbekannt ist. „*Alle in den letzten Jahren durchgeführten empirischen Bildungsstudien (…..) verweisen auf eine starke soziale Selektivität des österreichischen Bildungssystems: Die Bildungschancen, die Kinder in Österreich vorfinden, hängen von ihrer sozialen Herkunft, also von Bildung, Beruf und Einkommen der Eltern, ab. Weitere Ungleichheitsdimensionen stellen der Migrationshintergrund, das Geschlecht und der Wohnort dar*" (Bacher, 2006. Zu einem ebensolchen empirisch abgesicherten Befund kommt der Nationale Bildungsbericht aus dem Jahr 2015. „*In Österreich besteht ein starker Zusammenhang zwischen Herkunft und Schulerfolg (…). Kinder aus Familien mit Migrationshintergrund, nied-*

rigem sozioökonomischem Status oder Bildungsniveau haben häufig eine schlechtere Ausgangslage, um in der Schule erfolgreich zu sein. Ihre Familien sind oft weniger mit dem schulischen System und dessen Inhalten vertraut und weniger in der Lage, Schulwegsentscheidungen zu unterstützen" (NBB, Band 1, 2015; S.30ff).

Verlierer*innen im österreichischen Bildungssystem sind demnach Kinder aus sozioökonomisch schlechter gestellten Familien, oftmals mit einer anderen Familiensprache als Deutsch. Sie haben ihrerseits nur geringe Chancen, einen höheren Bildungsabschluss als ihre Eltern zu erreichen. Neben den persönlichen und politischen „Kosten" dieses Umstands werden so auch hohe volkswirtschaftliche Kosten verursacht (z.b. bei hohem Bedarf an zusätzlichen Fördermaßnahmen in der weiteren Schullaufbahn des Kindes, bei frühem Schulabbruch, bei Mangel an passenden Schulabsolvent*innen für offene Lehrstellen, usw.). Bildungsexpert*innen empfehlen daher, verstärkt in präventive Maßnahmen zu investieren. Diese sind deutlich erfolgversprechender als kostenintensive Maßnahmen zur Förderung von Kindern, die bereits Misserfolge auf ihrem Bildungsweg erfahren mussten, oder zur Reintegration jener Jugendlichen, die das Schul- und Ausbildungssystem bereits verlassen haben.

Bedenkt man im **Sekundarstufenbereich** die allseits bekannten **Creaming**-Effekte („Absahnen" der „leistungsstärkeren" Kinder durch die AHSen, insbesondere in Ballungsgebieten), drängen sich Lösungsvorschläge wie von selbst auf. Umso verwunderlicher, dass in den gegenwärtig diskutierten bildungspolitischen Vorhaben keine Rede von einer flächendeckenden gemeinsamen Schule im Sekundarbereich ist. Creaming beschränkt sich aber nicht auf jene **Transitionsbereiche**, in denen mit Schulwegsentscheidungen ganz offensichtliche soziale Chancen vergeben werden. *„Im städtischen Bereich führt Segregation der Kinder entlang der sozialen (und ethnischen) Merkmale von Wohngebieten oftmals bereits in Volksschulen zu Creaming zugunsten diesbezüglich privilegierter Schulen"* (Nagy, 2016; S.57). Und zu vermuten bleibt, dass dies bereits beim Kindergartenbesuch ebenso aussieht – auch ohne sich auf empirische Befunde zu stützen wagen die Autorinnen aus freiem Ärmel zu behaupten, dass sich z.B. in muslimischen Privatkindergärten nur wenig Kinder aus deutschsprachigen Akademiker*innenfamilien finden den lassen.

Zur Diskussion im Kontext dieses Schulheftes steht für uns nun, welche Maßnahmen dieser Bildungssegregation entgegenwirken könnten, bzw. inwieweit eine sozialindexbasierte Ressourcenverteilung nicht nur die Möglichkeiten für eine adäquate Pädagogik an „Brennpunktschulen" erweitert, sondern gleichzeitig Steuerungseffekte betreffs sozialer Selektivität bei der Schulwahl bzw. bei Schullaufbahnentscheidungen erwirkt.

Ein Beispiel sozialer Selektivität im Grätzl

In einem städtischen Viertel im 2. Bezirk in Wien, das den Autorinnen gut bekannt ist, befinden sich nahe beieinander drei öffentliche Volksschulstandorte, zwei Ganztagsschulen (GTVS) und eine Halbtagsschule mit angeschlossenem Hort. Die drei Schulen stehen in etlichen Fragen der Schul- und Unterrichtsentwicklung in enger Kooperation (Inklusion, jahrgangsübergreifendes Arbeiten, projektorientierter Unterricht, gemeinsame Kooperation mit den Sekundarstufenstandorten und Entwicklung von Transitionsmodellen, etc.). Gleichzeitig hat jede Schule auch eigene Schwerpunkte, die ihr besonderes Profil verleihen. Trotz der prinzipiellen Gleichwertigkeit (nicht Gleichheit) der pädagogischen Angebote der Schulen entscheiden die Eltern bei der Schulplatzwahl nicht primär entlang der jeweiligen Spezialschwerpunkte. Vielmehr fällt die Schulplatzwahl entlang sozialstruktureller Merkmale.

So besuchen die Halbtagsschule hauptsächlich Schüler*innen, deren Familiensprache zum überwiegenden Teil nicht Deutsch ist und deren Familieneinkommen und Ausbildungsstatus (der Eltern) sich vor allem in sozioökonomisch schlechter gestellten Schichten verorten lässt.

Die Schüler*innen der einen der beiden Ganztagsschulen hingegen sind zu einem für das Grätzl überdurchschnittlich großen Anteil aus Familien mit monolingual deutscher Alltagssprache, viele Eltern sind Akademiker*innen und verfügen über mittelschichtadäquate Ressourcen. Die Schüler*innen-Population der anderen GTVS, die räumlich ein wenig von den anderen beiden Schulen entfernt ist, repräsentiert ein mittleres Spektrum – die verschiedenen sozialstrukturellen Schichten der Wohnbevölkerung spiegeln sich in der Schule wider.

Eine Erklärung für dieses Phänomen besteht darin, dass der eine der beiden GTVS-Standorte Mehrstufenklassen (MSK) mit reformpädagogischen Schwerpunkten anbieten kann, was v.a. Menschen mit innovativem Bildungszugang anspricht – dies sind vor allem jene, die selbst über positive Erfahrungen im Bildungssystem und in weiterer Folge über einen höheren Bildungsabschluss verfügen. Auf der anderen Seite haben Personen aus sozialstrukturell weniger gut gestellten Milieus, zumeist auch mit einer anderen Erstsprache als Deutsch, diesen interessierten Zugang zu reformpädagogischen Schulmodellen weniger ausgeprägt, und sie haben auch weniger Möglichkeiten, sich diesbezüglich weiterführende Informationen oder Erfahrungen anzueignen (vgl. auch Leditzky; Sertl; 2016).

Außerdem müssen die Kriterien für die Schulplatzvergabe an Schulen im verschränkten Ganztagsbetrieb beachtet werden. Durch diese findet ebenfalls eine (nicht erwünschte?) Steuerung statt: Anspruch auf einen Platz hat man nur, wenn beide Elternteile berufstätig sind. Das bedeutet, dass Familien, in denen nicht beide Elternteile den Zugang auf den Arbeitsmarkt positiv bewältigt haben (somit ohnehin bereits zumeist einem sozioökonomisch schlechter gestellten Milieu angehören), nun noch dazu ihre Kinder nicht in einer ganztägigen Schulform unterbringen können, in der Kinder eine größere Chance hätten, Unterstützung bei der Kompensation sozialisationsbedingter Defizite zu bekommen.

Auch wenn die drei Grätzlschulen versuchen, die **Zugangsselektion** an die einzelnen Standorte durch entsprechende Bewerbung der verschiedenen Modelle, gezieltes Ansprechen bestimmter Personengruppen (z.B. in den Kindergärten, bei Grätzlveranstaltungen, etc.) und andere Maßnahmen zu durchbrechen, so unterliegt die Schulwahl doch einer spezifischen **Selbstselektion** der jeweiligen Milieus. Treten die Schulleitungen mit dem Versuch einer verstärkten Steuerung in Aktion, wandern die Eltern aus den Mittelschichtmilieus in die benachbarten Privatschulen ab, nicht zuletzt aus der Sorge, dass ihr gut gefördertes deutschsprachiges Kind als soziale*r Außenseiter*in einer Klasse der Halbtagsschule landen könnte, in der sich ansonsten nahezu ausschließlich Kinder aus weniger bildungsaspirativen Milieus befinden, die noch dazu bei Schuleintritt über noch nicht sehr elaborierte Deutschkenntnisse verfügen. Die

Eltern dieser Milieus sind gleichzeitig auch nicht so einfach für die beiden Ganztagsschulstandorte zu begeistern, sorgen sich um die Verfügbarkeit sprachlicher Angebote in ihren Herkunftssprachen und sind mit dem verschränkten Setting der GTVS und diversen reformpädagogischen Modellen (z.B. die MSKs) nicht ausreichend vertraut, um ihr Kind in so eine Institution geben zu wollen.

In weiterer Konsequenz bedeutet dies, dass von Seiten der familiären Akteur*innen trotz Bewerbung, Information u.a. nicht mit einer prinzipiellen Umorientierung und damit nicht mit einer Durchmischung der Milieus gerechnet werden kann. Nun könnte man aus einer neoliberalen Position heraus den Schluss ziehen, dass die Betroffenen den Status Quo für gut befinden und zufrieden sind und die Schulen somit ihre Klientels optimal bedienen.

Die Kehrseite dieser beschriebenen Differenzierungen entlang der Sozialstruktur ist aber, dass an den betroffenen Standorten, insbesondere in der Halbtagsschule, eine relativ homogene Schüler*innenpopulation entsteht. Homogenität ist aber weder für das Lernen günstig, noch trägt sie zum tendenziellen Durchbrechen der in Österreich sehr ausgeprägten Reproduktion sozialer Ungleichheit über das Bildungssystem bei (die sich im vorliegenden Problemfall seit Jahren deutlich veranschaulichen lässt: die Schüler*innen der Halbtagsvolksschule gehen zum großen Teil weiter in die NMS, die der GTVSen zum größeren Teil in die AHS). Und nicht zuletzt ist im Spracherwerbsprozess der Unterrichtssprache Deutsch, die für viele Kinder eine erst auf höherem Niveau zu erwerbende Zweitsprache ist, die Rolle des Lernens in der Peergroup von immenser, nicht zu unterschätzender Wichtigkeit: Gleichaltrige Spielgefährt*innen und Freund*innen, die für die Lerner*innen als Sprachvorbilder und Kommunikationspartner*innen in der Zielsprache fungieren können, haben einen überaus günstigen Einfluss auf das Sprachenlernen – ein Effekt, der durch noch so engagierte und kompetente Pädagog*innen in einem Setting ohne deutschsprachliche Peergroup kaum kompensiert werden kann. Auch umgekehrt gilt: Für Kinder mit monolingual deutscher Familiensprache ist das Fehlen einer mehrsprachigen Peergoup ebenfalls nachteilhaft, da ihnen dabei die Möglichkeiten für mehrsprachige Erfahrungen als Anregung für spätere kompetente Mehrsprachigkeit, sowie das Erleben sprachlicher und kultureller Diversität im schulischen Kontext als Motor für spätere Weltbürger*innenschaft weitgehend fehlen. D.h. Kompositionseffekte, wie aus den Klassenzusammensetzungen in den Sekundarstufen bekannt (vgl. Nagy, 2016; S.59f.), treten ebenso bereits in der Grundschule auf (vgl. auch Leditzky; Sertl; 2016; S.396f.).

Die freie Wahl?

Nun stellt sich die Frage, warum Eltern aus benachteiligten Milieus beim Eintritt in die Volksschule nicht einfach eine Schule wählen, die bisher vor allem von deutschsprachigen Mittelschichtkindern besucht wird. Beim Schuleintritt steht ja theoretisch noch allen Eltern jeder Standort offen (abgesehen von den restriktiven Bedingungen für den Erhalt eines Ganztagsplatzes, die aber von den Schulstandorten in einem gewissen Ausmaß halbwegs flexibel angewandt werden können).

Dass Eltern ihre Kinder trotz damit verbundener Gefahren einer Benachteiligung in der weiteren Schullaufbahn nahezu immer in jene Schule geben, in der sich bereits vorwiegend andere Kinder aus eben dem gleichen Milieu befinden, legt nahe, dass die jeweiligen Milieus „wissen, was ihnen zusteht", d.h. sich entlang ihrer eigenen **Alltagstheorie** darüber, welche Schule jemand aus ihrem Milieu „zu besuchen hat", für eine bestimmte Schule entscheiden. Eine Umorientierung wäre für sie ein unkalkulierbares Risiko: Neue Handlungsweisen schließen immer auch das Aufgeben eines bereits erreichten Status Quo ein, in dem man auf erprobte Weisen der Bewältigung von Lebenspraxis zurückgreifen kann.

Reproduktion sozialer Ungleichheit geschieht demnach nicht nur über äußeren Zwang. Wäre dies der Fall, würde sie bald jede Legitimität verlieren. Die Reproduktion sozialer Ungleichheit wirkt über subtile Wege. Sie ist in die Subjekte selbst eingeschrieben und erzeugt bei ihnen **angepasste Praktiken**, wie der mittlerweile wohl in Pädagog*innenkreisen flächendeckend bekannte französische Soziologe Pierre Bourdieu erklärt. Wobei die gegenwärtige bildungspolitische Nicht-Reaktion auf mit Hilfe seines theoretischen Zugangs erklärbare Phänomene umso mehr erstaunt, als er seine Überlegungen bereits in den 70er-Jahren des vorigen Jahrhunderts in eine Theorie kleidete, die von den heutigen empirischen Befunden ungebrochen untermauert wird.

Wie funktionieren diese angepassten Praktiken? In Abhängigkeit von der sozialen Stellung (Anteil des Subjekts an den verschiedenen Kapitalsorten: ökonomischem als dem dominanten, symbolischem, kulturellem und sozialem Kapital) bilden sich **Habitusformen** heraus, also Dispositionen für gewisse Verhaltensweisen, Praxisformen und Vorstellungen. Der Habitus disponiert Praktiken so, dass Akteur*innen in ihren sozialen Stellungen verharren, indem sie wissen und wollen, was sie sollen/„was ihnen zusteht". Dies geht nicht (immer) reibungslos (vielmehr ist jedes Feld auch Kampfplatz), die Subjekte werden nicht determiniert, aber es gibt immer naheliegende Wege.

Erlernt wird der primäre Habitus im Herkunftsmilieu, massenwirksam verfestigt oder modifiziert als sekundärer Habitus in der Schule. Damit reproduziert die Schule Klassenverhältnisse, wobei sie aber ihre eigenen Bedingungen hinter dem Mantel der Neutralität verbirgt und mit dem Leistungsprinzip und Begabungskonstrukt legitimiert. Schule bindet die Aneignung des kulturellen Erbes an Fähigkeiten, die mit den Habitusformen klassenmäßig unterschiedlich verteilt sind. Dadurch besitzen nicht alle Mitglieder einer Gesellschaft gleichermaßen den für die Entschlüsselung schulisch relevanter symbolischer Güter notwendigen Code – die Mittelschicht besitzt mehr davon, bildungsfernere Schichten weniger. Gelernt werden im Zuge der Aneignung eines Habitus nicht nur die Codes zur Aufschlüsselung/Aneignung kulturellen Erbes, sondern ebenso *„die negativen Positionen gegenüber der Schule, die zur Selbsteliminierung der meisten Kinder der kulturell unterprivilegierten Klassen oder Klassenfraktionen führen – z.B. die Selbstunterschätzung, die Entwertung der Schule und ihrer Sanktionen oder das sich Abfinden mit dem Scheitern und dem Ausschluss – als Antizipation der Sanktionen (...), welche die Schule objektiv den Klassen oder Klassenfraktionen vorbehält, die kein kulturelles Kapital haben, – eine Antizipation, die auf der unbewussten Einschätzung der objektiven Erfolgsaussichten gründet"* (Bourdieu, 1973; S.106).

Das bedeutet, von freier Schulwahl kann auf Basis der Überlegungen von Bourdieu keine Rede sein – selbst wenn sie sich von Seiten des Schulsystems als frei darstellt, wissen die Subjekte bereits von Vornherein, „wohin sie gehören" und gehen ebendort im Sinne des Wahrens sozialen Friedens und Nichtgefährdens des für sie bereits erreichten Satus Quo auch ziemlich widerspruchslos hin.

Mit dem Fokus auf das Entscheidungsverhalten des Individuums nähern sich dieser Thematik die **Rational-Choice**-Theorien an, die von rationalen und begründeten Handlungen und Entscheidungen ausgehen. Einer der wichtigsten Vertreter für die Bildungsforschung ist der Soziologie Raymond Boudon und seine Theorie der primären und sekundären Herkunftseffekte. Die Ausgangsthese lautet, dass selbst in einer hoch meritokratischen Gesellschaft nicht zwangsweise jenen, die die besten Leistungen bzw. den höchsten Bildungsgrad erzielen, höhere Aufstiegschancen zukommen als Personen mit niedrigerem Bildungsgrad. Diese These ist zwei Umständen geschuldet – zum einen dem, dass Personen, die einen höheren Bildungsabschluss erreichen, in der Regel einen höheren sozialen Hintergrund haben und zum anderen kann sie aus der Konsequenz dieses Unterschiedes zwischen Bildungs- und Sozialstruktur gezogen werden: Bildung hat keinen offensichtlichen Einfluss auf soziale Mobilität (vgl. Boudon, 1974; S.13f).

Woran liegt das? Boudon nimmt an, dass die Schichtzugehörigkeit Unterschiede zwischen Menschen hervorruft. Dabei beschreibt er mit den primären Schichteffekten, dass der Sozialstatus mit einem bestimmten kulturellen Hintergrund einhergeht (vgl. ebd.; S.29), welcher auf die kognitiven, sozialen und sprachlichen Kompetenzen (vgl. Vester, 2006; S.16) und folglich auf die Schulleistung wirkt. So werden Unterschiede in den Schulleistungen zwischen Schüler*innen höherer und niedrigerer Sozialschichten erklärt. Kommt der primäre Schichteffekt nicht zu tragen, sprich schneiden Kinder unterschiedlicher Schichtzugehörigkeit in der Schule gleich gut ab, so wirkt die soziale Herkunft dennoch auf die Schulwahlentscheidung, indem andere Faktoren wirksam werden. Diese Faktoren beziehen sich auf die ökonomischen Möglichkeiten der Familie und werden im **sekundären Herkunftseffekt** formuliert. Es geht um die Abwägung von Kosten und Profit, sprich den Nutzen bei der Schulwahl zwischen mehreren Alternativen. Die soziale Zugehörigkeit spielt dabei eine Rolle, weil sie auf die Bedeutung von Kosten und Profit wirkt. Je höher die Schichtzugehörigkeit, desto mehr Aufwand muss betrieben werden, um die soziale Position zu erhalten. Währenddessen könnte bei einer niedrigen sozialen Positionierung (nahezu) jede Bildungsalternative einen Aufstieg bedeuten. Deswegen liegt es nahe, dass Familien, die der Mittelschicht zuordenbar sind, sich eher für eine prestigereichere Schule entscheiden, weil nur diese einen Profit darstellen würde. Gleichzeitig werden die Kosten (finanzielle und soziale) unterschiedlich bewertet. Dieselben Fixkosten haben je nach ökonomischen Möglichkeiten unterschiedliche Bedeutung, und das spiegelt sich schon in ihrer Antizipation noch vor der Schulwahlentscheidung wider (vgl. Boudon, 1974; S.29f). Weitere Kriterien, die in ihrer Bedeutung je nach Schichtzugehörigkeit variieren und auf die Entscheidung wirken, liegen in der Bildungsaspiration bzw. dem Wert, der Bildung beigemessen wird, der subjektiven Erfolgserwartung und der erwarteten Kosten. Somit ergibt sich die Konsequenz, dass selbst wenn Schule die sozialen Ungleichheiten in den Startbedingungen reduzieren oder ausgleichen könnte, Chancenungleichheit noch immer zu einem großen Teil bestehen würde (vgl. ebd.; S.114), da Ungleichheit schon in der individuellen Bewertung der Chancen auf Grundlage der (finanziellen) Möglichkeiten besteht.

D.h. auf Basis der Grundannahme rationalen Entscheidungsverhaltens ist durch die Freiheit der Schulplatzwahl ebenfalls **kein Effekt Richtung Ausgleichsverteilung** von sozioökonomischen Schüler*innenpopulationen auf die verschiedenen Standorte zu rechnen.

Möglichkeiten lenkender Maßnahmen

Wenn nun aus den vorangegangenen Ausführungen der Schluss gezogen werden kann, dass sich auf Basis des gegenwärtigen Entscheidungsverhaltens von Eltern eine Veränderung von bildungssegregativen Phänomenen im Grätzl nicht erwarten lässt, stellt sich die Frage, welche Maßnahmen hier eine steuernde Wirkung haben könnten.

Seit einigen Jahren versuchen Schulstandorte, ihre Attraktivität durch spezifische **Schwerpunktsetzungen** zu steigern. Schulprofile werden erarbeitet und standortspezifische Qualitätssteigerungsmaßnahmen durch Schulentwicklungskonzepte angepeilt. Mit der bildungspolitischen Aufforderung (Stichwort „Schulqualität Allgemeinbildung, SQA") an alle Standorte (die sich als Dienstpflicht manifestiert), sich weiter zu entwickeln, wird gleichzeitig die Verantwortung für schulentwicklerische Prozesse anstelle zentraler

Steuerung an die Einzelschule übertragen, die allerdings ihrerseits wiederum nur in beschränktem Maß handlungsberechtigt wird. Somit „werden unter dem Vorwand, den Schulen keine Vorschriften machen und die Pluralität der Meinungen nicht einengen zu wollen, sowohl die Klärung des Qualitätsbegriffs als auch die Entscheidung für angemessene Maßnahmen an jede einzelne Schule delegiert" (Schlee, 2014; S.50). Wieweit aus den partiellen Einzelbewegungen eine sinnvolle Systementwicklung entstehen kann – und um eine solche müsste es sich ja handeln, wenn man eine systemische Lösung des Bildungssegregationsproblems anpeilt – bleibt völlig ungeklärt. Für das Grätzl bedeuten die schulischen Schwerpunktbildungen und Profilierungen, dass es zu einer von der Wohnpopulation abweichenden Schüler*innenpopulation kommen kann, da bildungsbewusste Mittelschichten sich strategisch jene Schulen aussuchen, die als „gut" gelten, und an diesen dann – unabhängig von der wirklichen Qualität der jeweiligen Schule – wiederum „unter sich" sind. Wobei, da das neoliberale „Markt-Angebot" ja auch die Privatschulen einschließt, im Falle des Nichtergatterns eines Schulplatzes an der gewünschten Schule auf ebendiese Privatschulen ausgewichen wird (vgl. Leditzky, Sertl; 2016; S.392). D.h. schulische Schwerpunktsetzungen haben kaum den Effekt, der Bildungssegregation entgegen zu arbeiten, im Gegenteil, sie verstärken diesen Effekt eventuell sogar, indem sie die Möglichkeit einer inhaltlichen Legitimation bieten.

Auch was eine finanzielle **Ressourcenaufstockung** für Standorte mit sozialökonomisch unterprivilegierter Schüler*innenpopulation betrifft, zeichnen sich keine Effekte dahingehend ab, dass die auf diesem Wege finanziell besser dotierte Schule gleichzeitig sozialstrukturell besser gestellte Schichten mit mehr Bildungsaspiration ansprechen und für eine soziale Durchmischung der Schüler*innenpopulationen von Schultypen sorgen würde – wie nicht zuletzt im Rahmen der Erfahrungen mit der Einführung der NMS ins österreichische Bildungswesen empirisch belegt werden kann. Der 2008 eingeführte (2011 ins Regelschulwesen übergegangene) Modellversuch „Neue Mittelschule" verursacht eindeutige Mehrkosten und konnte zwar tatsächlich kurzzeitig den Trend zum Gymnasium brechen, mit der flächendeckenden Umwandlung aller ehemaligen Hauptschulen in Neue Mittelschulen lassen bzw. ließen diese zaghaften Ausgleichstendenzen aber ebenso schnell wieder nach (vgl.

Eidenberger; Sandberger; 2016; S.70f.), wenngleich in der NMS durch hier angeregte neue Lernkulturen (mehr innere Differenzierung und Individualisierung im Unterricht durch zusätzliche Teamteachingeinheiten) von einem gewissen Vorteil für deren Schüler*innen ausgegangen werden könnte. Dem folgend ist zu vermuten, dass eine sozialindexbasierte Ressourcenverteilung ebenfalls keine (über etwaige kurzfristige Neugieraktionen bessergestellter Milieus hinausgehenden) mittel- bis längerfristigen Auswirkungen auf die soziale Durchmischung von Schüler*innenpopulationen im Grätzl hätte. Gleichzeitig sollen erhoffte Effekte auf eine Verbesserung der Unterrichts- und Lernbedingungen an den bedachten Standorten keineswegs in Abrede gestellt werden, insbesondere falls an Entwicklungskonzepte und Zusatzressourcen in einer Qualität und in einem Ausmaß gedacht werden würde, wie sie in Positivbeispielen elaboriert und investiert wurden (vgl. z.B. Woods, Husbands, Brown, 2013).

Die Idee der Grätzleinschreibung

Eine Durchmischung der Schulpopulationen im Grätzl (vorausgesetzt in diesem existiert überhaupt sozialstrukturelle Diversität) entlang sozioökonomischer und sprachlicher Kriterien würde für alle Beteiligten eine Win-Win-Situation schaffen – Diversität bietet immer für alle Beteiligten Lernchancen. Da, wie erläutert, auf eine freiwillige Durchmischung der Milieus via Schulwahl durch die Eltern nicht gehofft werden kann und auch monetäre Investitionen bzw. schulische Schwerpunktbildungen keinen Ausgleichseffekt erwarten lassen, scheint uns im Sinne der Vermeidung oder Verringerung der Problematik von Bildungssegregation die Initiierung einer **Durchmischung durch die Schulbehörde** – wobei die Öffnung von gratis anzubietenden Ganztagsschulen bereits eine große Verbesserung bewirken könnte – als der einzige gangbare Weg.

Gemeint ist mit einer „Durchmischung von Amts wegen" keineswegs die aus rechtslastigen Kreisen bekannte Forderung, Kinder z.B. durch ganz Wien zu karren und so für eine Zwangsdurchmischung zu sorgen, die sämtliche anderen Aspekte der kindlichen Lebenswelt ignoriert. Der Sozialraumatlas für Wien (vgl. Sozialraumcluster; 2012) zeigt deutlich, dass sich unterschiedliche soziale Cluster auf die einzelnen Wiener Bezirke ungleich verteilen. Gleichzeitig leben in allen Bezirken jedoch Angehörige aller sozioökonomischen Schichten bzw. sozialen Milieus, wodurch eine Durchmischung dieser Milieus bezüglich Schulbesuchs der Kinder sehr oft **wohnortnah** möglich wäre. Im oben beschriebenen Fall eines Grätzls im 2. Bezirk würde eine Steuerungsmaßnahme innerhalb des eigenen Grätzls greifen können, ohne dass auch nur für ein einziges Kind vom Prinzip der wohnortnahen Beschulung abgegangen werden müsste. Klar ist, dass eine derartige Maßnahme in manchen Regionen in Wien oder anderen Ballungsgebieten wegen mangelnder sozialer Diversität nicht durchführbar wäre – was aber die Sinnhaftigkeit dieses Vorgehens dort, wo es möglich wäre, nicht außer Kraft setzt.

Bleiben wir beim oben genannten **Beispiel** dreier benachbarter Volksschulen im 2. Bezirk in Wien und stellen wir uns eine gemeinsame Einschreibung von Schuleinsteiger*innen an einem zentralen neutralen Ort (z.b. die Stadtschulrats-Kanzlei des Bezirks oder die Gebietsbetreuung oder das Jugendzentrum oder die ebenfalls im Grätzl befindliche NMS oder AHS, ….) vor. Nach der Datenaufnahme bei der **Grätzleinschreibung** (wo Angaben zu Bildungsniveau und Beruf der Eltern abgefragt werden könnten, deren Beantwortung selbstverständlich freiwillig erfolgt) könnte eine **Ausgleichsverteilung** der Kinder auf die beteiligten Standorte entlang sozialstruktureller Kriterien erfolgen. Dabei würden womöglich die Präferenzen der Eltern und in jedem Falle der Schulweg, der Schulbesuch von Geschwistern und der Bedarf an einer ganztägigen Betreuungsform berücksichtigt (der Halbtagsvolksschule ist glücklicherweise ein Hort angeschlossen), allerdings mit dem eindeutigen Ziel, soziale Milieus zu durchmischen. So könnten deutschsprachige Peergroups für Kinder mit anderen Familiensprachen entstehen, es gäbe mehrsprachige Anregungen für Kinder aus monolingual deutschsprachigen Familien, es ließen sich heterogene Lerngruppen bilden, Erfahrungen über den Habitus der je eigenen sozialen Milieus hinaus würden für die Kinder möglich, und in weiterer Folge käme es vermutlich sogar zu einer Reduzierung von späterem Drop-Out und von Selbstselektion in weiteren Transitionsbereichen und somit zu verstärkter sozialer Durchlässigkeit. Wiewohl Klarheit darüber besteht, dass sich diese Entwicklungen durch die vorgeschlagene Maßnahme einer Grätzleinschreibung nicht umstandslos verwirklichen lassen, da Schule Teil der Gesamtgesellschaft ist, bestehen doch Aussichten, dass sich zumindest Türen in die gewünschte Richtung öffnen ließen.

Auch schulrechtliche Grundlagen würden dabei nicht ignoriert. Der relevante Passus des Wiener Schulgesetzes LGBl. Nr. 20/1976 § 46 mit Inkrafttreten am 2.9.2012, zuletzt aktualisiert am 19.5.2014, Gesetzesnummer 2000197, besagt: „*§ 6. Jeder Schulpflichtige ist in die für ihn nach der Schulart in Betracht kommende Schule, deren Schulsprengel er angehört, aufzunehmen. Befinden sich in einem Schulsprengel zwei oder mehrere Schulen der gleichen Art, so hat die Gemeinde Wien nach Anhörung des Stadtschulrates für Wien die im Schulsprengel wohnenden Schulpflichtigen auf die Schulen aufzuteilen. Bei der Aufteilung ist auf den Schulweg der Schüler (§§ 32 bis 35 Wiener Schulgesetz), auf die bereits die Schule besuchenden Geschwister und auf die schulorganisatorischen Erfordernisse Bedacht zu nehmen*"[1].

Diese Rahmenbedingungen würden eingehalten und durch zusätzliche Kriterien für die Aufteilung der Schüler*innen auf die benachbarten Schulen ergänzt. Nach der Aufteilung auf die Schulen würden die Eltern über die Schulplatzzuweisung in Kenntnis gesetzt und erst im Mai oder Juni würde das Schulreifescreening am zugeteilten Standort stattfinden. Eingebettet in ein **Wiener Bildungsgrätzl**, (vgl. Czernohorszky; 2016) könnten die Kinder aller Milieus optimale Förderung in von Diversität getragenen Lernsettings erleben und von einer verknüpften Institutionenlandschaft profitieren.

Somit wären zwar keineswegs alle Probleme im Kontext von Bildungssegregation gelöst und das Modell wäre keineswegs eine österreichweit umsetzbare Maßnahme, passt voraussichtlich nicht einmal für alle Grätzl in Wien, aber in einigen Bereichen ließen sich damit wertvolle Schritte in Richtung Ausgleich sozialer Chancen und Möglichkeiten erzielen und somit in einer zunehmend mehr von sozialen Widersprüchen aufgespalteten Gesellschaft positive Beispiele für ein konstruktives Miteinander konstituieren.

---

1 vgl. https://www.ris.bka.gv.at/GeltendeFassung.wxe?Abfrage=LrW&Gesetzesnummer=20000199

Literatur

Bacher, Johann; in: BIFIE, https://www.bifie.at/buch/875/6 (27.5.2017); 2006

Boudon, Raymond: Education, Opportunity and Social Inequality. Changing Prospects in Western Society; New York; 1974

Bourdieu, Pierre; Passeron, Jean-Claude: Grundlagen einer Theorie der symbolischen Gewalt; Frankfurt/M.; 1973

Bourdieu, Pierre: Sozialer Raum und Klassen; Frankfurt/M.; 1985

Czernohorszky, Jürgen: It needs a Grätzl, to raise a Child; Wien; 2016

Eidenberger, Barbara; Sandberger, Ute: Neue Mittelschule – von der Schule für ALLE zur Schule für ALLES; in: Neue Mittelschule. Reform von oben für die da unten; Schulheft 162; 2016; S.69–80

Leditzky, Claudia; Sertl, Michael: Schulpflicht, Leistung und Wettbewerb. Was bei der Zusammensetzung einer ersten Klasse Volksschule eine Rolle spielt; in: Erziehung und Unterricht, Mai-Juni 5-6/2016; S.387–398

Nagy, Gertrud: Creaming durch die AHS und Kompositionseffekte an der NMS; in: Neue Mittelschule. Reform von oben für die da unten; Schulheft 162; 2016; S.56–67

Nationaler Bildungsbericht Österreich 2015; Hrgs: Bruneforth, Michael; Lassnig, Lorenz; Vogtenhuber, Stefan; Schreiner, Claudia; Breit, Simone; Wien; 2016

Schlee, Jörg: Schulentwicklung gescheitert: Die falschen Versprechen der Bildungsreformer; Stuttgart; 2014

Sozialraumcluster Wien; https://www.wien.gv.at/stadtentwicklung/grundlagen/stadtforschung/gis/karten/sozialraum.html (4.6.2017); 2012

The Harlem Children's Zone; http://hcz.org/ (3.6.2017)

Vester, Michael: Die ständische Kanalisierung der Bildungschancen. Bildung und soziale Ungleichheit zwischen Boudon und Bourdieu; in: Georg, Werner (Hrsg.): Soziale Ungleichheit im Bildungssystem. Eine empirisch-theoretische Bestandsaufnahme; Konstanz; 2006; S.13–54

Woods, David; Husbands, Chris; Brown, Chris: Transforming Education for All: The Tower Hamlets Story; http://eprints.ioe.ac.uk/18172/1/Transforming_Education_final.pdf (3.6.2017); 2013

Juliane Heufelder, Klaudia Schulte, Maike Warmt und Martina Diedrich

Indexbasierte Ressourcenverteilung am Beispiel des Hamburger Sozialindex

Einführung

Im Zuge einer evidenzbasierten Bildungspolitik wird der Entwicklung von Sozialindizes für Schulen zunehmend Aufmerksamkeit gewidmet (Weishaupt, 2016). Hamburg untersuchte bereits 1996 als erstes deutsches Bundesland systematisch und flächendeckend die Zusammenhänge zwischen sozialer Belastung und Schülerleistung und bezog bereits damals die Ergebnisse in die Ressourcensteuerung ein. Im Jahr 1996 wurden Erkenntnisse über die Höhe des Ausmaßes sozialer Disparitäten aus den Ergebnissen der LAU-Studie (Lehmann, Peek & Gänsfuß, 1997; Behörde für Schule und Berufsbildung, 2011) herangezogen und ein erster schulbezogener Sozialindex für alle Grundschulen erstellt. In den darauffolgenden Jahren erfolgten eine Erweiterung auf die Sekundarstufe I sowie weitere Erhebungen im Rahmen der KESS-Studie (Bos & Pietsch 2006; Bos, Bonsen & Gröhlich, 2009). Im Jahr 2007/2008 fand zum ersten Mal eine unabhängige Erhebung zur Aktualisierung des Grundschulsozialindex statt. Zuletzt wurde der Sozialindex für Grund- und weiterführende Schulen im Jahr 2013/2014 aktualisiert.

Eine zentrale Zielstellung von Sozialindizes ist die bedarfsorientierte Ressourcenausstattung, um ungleiche Bildungschancen auszugleichen (u.a. Tillmann & Weishaupt, 2015) und den Schulen zusätzliche Hilfen zukommen zu lassen, die mit einer hoch belasteten Schülerschaft arbeiten: *„Mittel sollten nicht nach dem Gießkannenprinzip eingesetzt, sondern zielgenau verwendet werden. Dies betrifft zum Beispiel die überproportionale Förderung von Ganztagsschulen in sozial benachteiligten Wohngebieten ebenso wie die gezielte Förderung von Kindern und Jugendlichen, für die auf Basis einer Förderdiagnostik Entwicklungsverzögerungen oder besonderer Lernbedarf festgestellt wurden."* (Baumert, 2011, S. 22).

Der nach wie vor bestehende Zusammenhang der sozialen Herkunft mit dem Bildungserfolg wirkt sich insbesondere in Großstädten wie Hamburg mit sehr unterschiedlichen sozialräumlichen Gebieten problematisch aus: Kinder aus sozio-ökonomisch benachteiligten Familien und solche mit Migrationshintergrund besuchen mit einer höheren Wahrscheinlichkeit Schulen in der näheren Umgebung, an denen der Großteil der Schülerinnen und Schüler aus ähnlichen Verhältnissen stammt. An diesen Schulen treten in der Folge nicht nur gehäuft Benachteiligungen einzelner Schülerinnen und Schüler (sog. primäre Herkunftseffekte), sondern zusätzlich auch Effekte der nachteiligen Zusammensetzung von Lerngruppen (sog. Kompositionseffekte) auf (Baumert, Stanat & Watermann, 2006). Für Kinder in Hamburg sind damit auch die Bildungs- und Teilhabechancen verschieden.

In diesem Beitrag wird der Hamburger Sozialindex in seiner Anlage, der Verwendung und Berechnung näher dargestellt. Daran schließt sich ein kurzer Blick auf unterschiedliche Datengrundlagen von Sozialindikatoren sowie deren Vor- und Nachteile an. Ein abschließendes Kapitel erläutert mit dem Sozialindex verbundene Erwartungen sowohl auf normativer als auch auf empirischer Ebene.

Der Hamburger Sozialindex[1]

Bos, Pietsch, Gröhlich und Janke (2006) beschreiben den Sozialindex im Rahmen der KESS 4-Studie als einen Index „der die soziale Situation der Schulen widerspiegelt und damit eine Einschätzung über die soziale Belastung einer Schule erlaubt." (S. 149). Übereinstimmend bildet der Sozialindex in Hamburg auch elf Jahre später die unterschiedlichen Rahmenbedingungen einer Schule ab, die durch verschiedene soziale und kulturelle Zusammensetzungen der jeweiligen Schülerschaft bedingt sind. Die Schulen erhalten einen Sozialindex zwischen 1 und 6, wobei eine 1 für eine Schülerschaft aus eher ungünstigen, bildungsfernen Verhältnissen und eine 6 für eine Schülerschaft aus wohlhabenden, bildungsnahen Verhältnissen steht.

---

1 Dieser sowie der folgende Abschnitt beziehen sich insbesondere auf die Beschreibung des Sozialindex im Tätigkeitsbericht des Instituts für Bildungsmonitoring und Qualitätsentwicklung (IfBQ), 2015.

Der Hamburger Sozialindex wird vorrangig für eine entsprechend unterschiedliche Ressourcenzuweisung bei den staatlichen Grundschulen und weiterführenden Schulen verwendet. Die Schulen mit niedrigen Sozialindizes haben zum Beispiel kleinere Klassen: Grundschulen mit Sozialindex 1 und 2 haben höchstens 19 Schülerinnen und Schüler in der Klasse, in allen anderen Schulen lernen bis zu 23 Kinder pro Klasse. Außerdem bekommen die belasteteren Schulen mehr Ressourcen beispielsweise für:
- die Sprachförderung,
- den Ganztag,
- die sonderpädagogische Förderung und
- Sekretariatskapazitäten.

Darüber hinaus wird der Sozialindex für „faire Vergleiche" bei der Rückmeldung von Ergebnissen aus Kompetenzmessungen (KERMIT) genutzt, d.h. Schulen bekommen die Leistungsergebnisse ihrer Schülerinnen und Schüler unter anderem im Vergleich zu Schulen zurückgemeldet, die mit einer sozial ähnlichen Schülerschaft arbeiten.

Berechnung des Hamburger Sozialindex

Bei der letzten Aktualisierung im Jahr 2013/14 wurde der Sozialindex erstmals unabhängig von einer Vergleichsstudie für Grundschulen und weiterführende Schulen erhoben. Für diese Berechnung wurden die Schülerinnen und Schüler sowie deren Eltern schriftlich befragt. Mit Hilfe von Fragebögen wurden zum Beispiel die Bildungsabschlüsse der Eltern ermittelt. Außerdem wurden regionale Strukturdaten aus der amtlichen Statistik für die Berechnung herangezogen, wie zum Beispiel die Arbeitslosenquote. Der Sozialindex wird aktuell aus 24 Variablen berechnet, die sich in theoretische Dimensionen unter anderem nach der Kapitaltheorie nach Bourdieu (1982, 1983) unterteilen lassen.
- Kulturelles Kapital: Bücher, Museumsbesuche, Bildungsabschlüsse
- Ökonomisches Kapital: Einkommen, Berufe der Eltern, Wohlstandsgüter

- Soziales Kapital: Freizeitaktivitäten mit Klassenkameraden und Eltern, die Eltern loben das Kind, die Eltern sind stolz auf das Kind

Darüber hinaus werden bei der Konstruktion des Index der Migrationshintergrund (Bonsen et al., 2010) sowie Sozialraumdaten herangezogen:
- Migrationshinweise: Geburtsland Eltern, Sprachhäufigkeit Deutsch mit den Eltern und Geschwistern
- Sozialraumdaten: Arbeitslosigkeit, Hilfebedürftige Kinder, Wahlbeteiligung

Mit diesen 24 Variablen wird eine so genannte „konfirmatorische Faktorenanalyse" berechnet (für detaillierte methodische Hinweise siehe Schulte, Hartig & Pietsch, 2014). Aus dieser Analyse ergibt sich für jede Schule ein „Rohwert" (z.B. 1,267), nach dem die Schulen in eine Rangfolge gebracht werden. Die Skala, die sich aus den Rohwerten aller Schulen bildet, wird zur Einteilung der Stufen in sechs gleich große Abschnitte geteilt. Den Abschnitten werden im letzten Schritt die Sozialindexwerte 1 (hohe Belastung) bis 6 (geringe Belastung) zugewiesen.

Amtliche Daten vs. Fragebogendaten

Hamburg ist das einzige Bundesland, das amtliche Daten mit Daten aus Befragungen von Schülerinnen und Schülern und deren Eltern kombiniert. Alle anderen Bundesländer, die mit Sozialindikatoren arbeiten, nutzen allein amtliche und/oder schulstatistische Daten auf der Schulebene bzw. auf unterschiedlichen regionalen Ebenen (z.B. Baublöcken oder Kommunen). Dies hat oft ökonomische und erhebungsmethodische Gründe; so ist eine Befragung von Eltern und Schülerinnen und Schülern aller Schulen beispielsweise in Flächenstaaten schwierig zu realisieren.

Der Einsatz von Fragebogendaten in Hamburg ist empirisch begründet, denn seit über 20 Jahren finden in Hamburg regelmäßig flächendeckende Erhebungen statt. Bereits in den LAU-Studien (Lehmann, Peek & Gänsfuß, 1997; Behörde für Schule und Berufsbildung, 2011) wurden Befragungsdaten für die Berechnung des Sozialindex genutzt. In der darauf folgenden KESS-Studie (Bos & Pietsch 2006; Bos, Bonsen & Gröhlich, 2009) hatte sich mit Blick auf die Berechnung des Sozialindex gezeigt, dass amtliche Daten und Variablen zu ökonomischen Merkmalen gut zwischen Schulen mit einer mittleren sozialen Belastung differenzieren können, während Variablen zum kulturellen Hintergrund (beispielsweise Bildungsabschlüsse der Eltern) besonders gut im Bereich niedriger Belastung und Variablen zu sozialen Aspekten (das „Netzwerk" des Kindes) im Bereich hoher sozialer Belastung unterscheiden können.

Der Nachteil des Einsatzes von Fragebogendaten liegt jedoch in der immer gegebenen Unschärfe sozialwissenschaftlicher Messungen: Es werden nicht alle Hamburger Schülerinnen und Schüler befragt, sondern es wird pro Schule eine möglichst repräsentative Stichprobe gezogen, die etwa der Stärke eines Jahrgangs entspricht. Dabei ist die Rücklaufquote dieser Stichprobe entscheidend. Je höher der Rücklauf, desto besser repräsentiert das Ergebnis die gesamte Schule. Zu geringe Rücklaufquoten können das Ergebnis in die eine oder andere Richtung verfälschen, je nachdem ob die antwortenden Personen sich von der sozialen Belastung aller anderen Personen der Schule unterscheiden. Darüber hinaus gibt es ein nicht berechenbares Risiko für Manipulation der Antworten, welches mit größerer öffentlicher Aufmerksamkeit zunehmend höher wird. Dieses politische Risiko ist aufgrund mangelnder Erfahrungen in anderen Bundesländern weniger bekannt. Daneben können umfangreiche Fragebogenerhebungen aufgrund des logistischen Aufwands nur in größeren zeitlichen Abständen durchgeführt werden, sodass mögliche Veränderungen nicht jährlich abgebildet werden können (Weishaupt, 2016).

Amtliche Daten haben bei der Berechnung eines Sozialindex den Vorteil, dass sie jährlich aktualisiert werden und nicht durch die Stichprobe, selektive Teilnahmen und Manipulationen beeinflusst werden können. Sie liegen in Hamburg üblicherweise für die gesamte Schülerschaft einer Schule vor, nicht nur für die Schülerinnen und Schüler, die für die Befragung ausgewählt wurden. Daher ist die öffentliche Akzeptanz für den Einsatz amtlicher Daten oft höher als bei Fragebogendaten. Doch auch die Nutzung amtlicher Daten ist mit Nachteilen verbunden. Diese liegen im Wesentlichen in der Unschärfe, die durch die Validität der Daten begründet ist: So sind Informationen aus der amtlichen Schulstatistik über Migrationsmerkmale von Schülerinnen und Schülern oft unvollständig. Darüber hinaus liegen amtliche Daten auf der Ebene sogenannter statistischer Gebiete vor, das heißt kleinräumige Gebietseinheiten mit durchschnittlich 2.100 Einwohnerinnen und Einwohnern (Behörde für Stadtentwicklung und Wohnen, 2017). Diese Einheiten entsprechen nicht den Einzugsgebieten von Schulen, sondern den Wohngebieten der Schülerinnen und Schülern einer Schule. Problematisch kann dabei sein, dass diese Gebiete in sich nur teilweise homogen sind, was bei der Verwendung der Daten nicht berücksichtigt werden kann. Um die spezifischen Nachteile von Fragebogendaten und amtlichen Daten auszugleichen, empfiehlt sich die Kombination beider Datenquellen. Dieser kombinierte Einsatz von Fragebogendaten mit amtlichen Daten wird in der wissenschaftlichen Community bisher als „state of the art" angesehen (Weishaupt, 2016).

Normative und wirkungsbezogene Erwartungen an Sozialindikatoren

Die Hamburger Schulen werden aufgrund ihrer unterschiedlichen Rahmenbedingungen anhand des Sozialindex bedarfsorientiert mit Ressourcen ausgestattet. In diesem Abschnitt wird skizzenhaft darauf eingegangen, dass diese unterschiedliche Behandlung von Schulen auf der einen Seite mit der Durchsetzung von Bildungsgerechtigkeit normativ begründet ist und auf der anderen Seite auf einer eher empirischen Ebene implizite Wirkungserwartungen an diese ungleiche Verteilung der Ressourcen geknüpft sind.

Auf der normativen Seite und dem Gerechtigkeitsempfinden folgend scheint es ein Beitrag zu mehr Bildungsgerechtigkeit zu sein, mehr Ressourcen an die Schulen zu distribuieren, an denen die soziale Belastung am größten ist. Auch Heinrich (2010) macht deutlich, dass jede Maßnahme, die versucht, die Bildungschancen von Kindern aus bildungsfernen Schichten zu kompensieren, politisch legitim und dringend zu empfehlen sei. Heinrich warnt jedoch eindrücklich vor einer Fokussierung der Bildungsgerechtigkeit auf Leistungsgerechtigkeit. Eine Fokussierung auf Leistung und Anstrengung auf der Individualebene könne Ungerechtigkeit produzieren. Leistungsgerechtigkeit im Sinne einer Anstrengungsbereitschaft könne verstanden werden als „individuell zu verantwortende

Leistungsfähigkeit". Das bedeutet, diejenigen, die sich am meisten anstrengen, sind erfolgreich. Aber wer sich viel anstrengt, wird eben nicht gleich viel belohnt, da unterschiedliche Voraussetzungen kognitiver Leistungsfähigkeit Ungleichheiten beim Erreichen entsprechender Leistung schaffen. Von einem *Leistungsprinzip* spricht auch Giesinger (2008), bei welchem allein Qualifikation und Eignung in einem Qualifikationsprozess entscheiden und nicht die soziale Herkunft, Geschlecht, Religion etc. Die Chancen für den Erwerb dieser Qualifikation wiederum sind ungleich verteilt. Aus diesem Phänomen folgt erst die Forderung nach Gleichheit oder Chancengleichheit im Bildungssystem (Giesinger, 2008). *"Bezogen auf die einzelne Bildungsbiografie ist also davon auszugehen, dass allgemeine bildungspolitische Maßnahmen, die [hinsichtlich sozialer Ungleichheit] kompensatorisch wirksam werden [...] nicht notwendig den erwünschten Ausgleich schaffen."* (Heinrich, 2010, S. 134). Zu betonen ist jedoch, dass die kompensatorische Wirkung eines solchen Instrumentes wie des Sozialindex auf der Ebene der Schule ansetzt und nicht auf der Ebene des einzelnen Schülers (Heinrich, 2010).

Neben normativen Erwartungen sind mit der unterschiedlichen Verteilung der Ressourcen nach unterschiedlicher sozialer Lage gewisse Wirkungserwartungen auf einer empirisch messbaren Ebene verbunden. Eine dahingehende Annahme ist beispielsweise, dass die Stärke des Zusammenhanges zwischen sozialer Herkunft und schulischem Erfolg im Laufe der Zeit abnimmt. Erste Berechnungen mit dem Sozialindex und Prüfungsleistungen der zentralen schriftlichen Abiturprüfungen lassen einen hohen Zusammenhang, auch über mehrere Jahre hinweg, erkennen. Dies kann ein Hinweis sein, dass der Zusammenhang zwischen dem sozialen Hintergrund und der Leistung zeitlich stabil und eng zu sein scheint.

Jedoch sind in diesem Rahmen weitergehende, differenziertere Analysen und komplexere Modelle auf der Grundlage größerer Stichproben notwendig, um den skizzierten Zusammenhang systematisch zu analysieren. Es muss darüber hinaus darauf hingewiesen werden, dass ein Zusammenhang keinen Schluss auf jedwede Ursachen oder Wirkungen zulässt. Er verdeutlicht lediglich eine Beziehung, die unterschiedlich begründet sein kann und stellt ausdrücklich keine Hypothesenprüfung im eigentlichen Sinne dar. Weitere mögliche empirische Erwartungen könnten sich auf den Ausgleich von Leistungsnachteilen, im Sinne eines relativ höheren Lernzuwachses an Schulen mit belasteterer Schülerschaft beziehen oder auf eine zunehmende Unterrichtsqualität jener Schulen durch eine gesonderte Unterstützung über die Jahre. Auch um solche Fragen beantworten zu können, bedarf es weiterer, komplexer (quasi-)experimenteller Designs, die mit den bisher vorliegenden Daten nicht annähernd bzw. nur mit großem methodischen Aufwand umgesetzt werden können. Wie ein „Erfolg" oder eine Wirkung des Sozialindex vielleicht auch unabhängig von der Leistung beispielsweise im Sinne von motivationalen oder emotionalen Faktoren „gemessen" werden könnte, bleibt bis dato offen.

Als grundsätzliche Überlegung bleibt anzumerken, dass die soziale Herkunft keine ausschließliche Determinante für die Leistungsstände der Schülerschaft ist. Es gibt eine Vielzahl an relevanten Wirkmechanismen, die den Schulerfolg ausmachen (siehe zum Beispiel Helmke, 2006). Daneben unterliegt auch die Vermittlung des Zusammenhangs zwischen sozialer Herkunft und Lernentwicklung Wirkmechanismen. Trotz profunder empirischer Befundlage zur Beschreibung und Bestätigung dieses Zusammenhangs bleibt wenig bekannt darüber, welche schulischen Einflussfaktoren ihn kompensieren bzw. verringern könnten (ein Beispiel Schulz-Heidorf, 2016). Gleichzeitig lassen sich mögliche Faktoren, wie beispielsweise Motivation, Anerkennung von Leistungsstreben und Anstrengungsbereitschaft, durch ein Mehr an Ressourcen nur schwerlich adressieren. Darüber hinaus sichern zusätzliche finanzielle Mittel allein keine qualitätsverbessernden Maßnahmen in Schulen. Aus diesem Grund wird empfohlen, die Mittelvergabe stärker an Zielkriterien zu binden und dies über Leistungsvereinbarungen abzusichern bzw. die Maßnahmen stärker an zielführende pädagogische Programme zu koppeln (SVR, 2015; Tillmann & Weishaupt 2015; Weishaupt 2016).

Schlussbemerkung

Der Hamburger Sozialindex ist ein methodisch und fachlich anerkanntes Verfahren. Methodische Entwicklungsmöglichkeiten lassen sich im Hinblick auf die Datengrundlage, aber auch in anderen Bereichen wie der Anzahl der Belastungsstufen oder der Verteilungsbasierung feststellen (siehe Schulte, Hartig & Pietsch, 2016).

Die Frage, inwieweit die Annahme einer kompensatorischen Wirkung der Indexverwendung in Hamburg eingelöst werden kann, geht über die Möglichkeit der Überprüfung in diesem Beitrag hinaus. Auch anderen deutschen Bundeländern fehlt bisher eine solche Evaluation der qualitäts- und leistungssteigernden Wirkung der bedarfsorientierten Ressourcenvergabe (Tillmann & Weißhaupt, 2015). Es wird empfohlen, dies nachzuholen, auch um zu überprüfen, welche Verwendungszwecke besonders vielversprechend sind (SVR, 2016; Tillmann & Weißhaupt, 2015). Darüber hinaus lautet eine Empfehlung, den Mitteleinsatz der Schulen fortlaufend zu beobachten, um zu überprüfen, ob und wie die zusätzliche Förderung die Schülerinnen und Schülern erreicht.

Trotz der bisher fehlenden Evaluation der Programme haben Sozialindizes das Potential „*die Grundlage dafür [zu]bilden, den Zusammenhang zwischen erschwerten Kontextbedingungen und den Bildungschancen der Schülerschaft zu entkoppeln. Die Schulfinanzierung kann insofern einen Beitrag dazu leisten, die Bildungsbenachteiligung auszugleichen.*" (Weishaupt, 2016, S. 21).

Literatur

Baumert, J. (Hrsg.). (2011). *Empfehlungen für Bildungspolitische Weichenstellungen in der Perspektive auf das Jahr 2020 (BW 2020)*. Stuttgart: Ministerium für Kultus Jugend und Sport Baden-Württemberg.

Baumert, J., Stanat, P. & Watermann, R. (2006). Schulstruktur und die Entstehung differenzieller Lern- und Entwicklungsmilieus. In J. Baumert, P. Stanat & R. Watermann (Hrsg.), *Herkunftsbedingte Disparitäten im Bildungswesen: Differenzielle Bildungsprozesse und Probleme der Verteilungsgerechtigkeit* (S. 95–188). Wiesbaden: VS Verlag für Sozialwissenschaften.

Behörde für Schule und Berufsbildung (Hrsg.). (2011). *LAU – Aspekte der Lernausgangslage und der Lernentwicklung. Klassenstufen 5, 7 und 9* (Hanse – Hamburger Schriften zur Qualität im Bildungswesen, Bd. 8). Münster u.a.: Waxmann.

Behörde für Stadtentwicklung und Wohnen (Hrsg.). (2017). *Sozialmonitoring. Integrierte Stadtentwicklung.* Bericht 2016. Hamburg.

Bonsen, M., Bos, W., Gröhlich, C. Harney, B., Imhäuser, K., Makles, A., Schräpler, J.-P., Terpoorten, T., Weishaupt, H. & Wendt, H. (2010). *Zur Konstruktion von Sozialindizes. Ein Beitrag zur Analyse sozialräumlicher Benachteiligung von Schulen als Voraussetzung für qualitative Schulentwicklung. Bildungsforschung*, Band 31. Bonn/Berlin: BMBF. http://www.bmbf.de/-pub/bildungsforschung_band_einunddreissig.pdf (aufgerufen am 03.05.2013).

Bos, W. & Pietsch, M. (Hrsg.). (2006). *KESS 4 – Kompetenzen und Einstellungen von Schülerinnen und Schülern am Ende der Jahrgangsstufe 4 in Hamburger Grundschulen* (Hanse – Hamburger Schriften zur Qualität im Bildungswesen, Bd. 1). Münster: Waxmann.

Bos, W., Bonsen, M. & Gröhlich, C. (Hrsg.). (2009). *KESS 7 – Kompetenzen und Einstellungen von Schülerinnen und Schülern an Hamburger Schulen zu Beginn der Jahrgangsstufe 7* (Hanse – Hamburger Schriften zur Qualität im Bildungswesen, Bd. 5). Münster u.a.: Waxmann.

Bos, W., Pietsch, M., Gröhlich, C. & Janke, N. (2006). Ein Belastungsindex für Schulen als Grundlage der Ressourcenzuweisung am Beispiel von KESS 4. Versuch einer Klassifizierung von Schultypen. In W. Bos & H. G. P. H. Holtappels (Hrsg.), *Jahrbuch der Schulentwicklung. Daten, Beispiele und Perspektiven* (Eine Veröffentlichung der Arbeitsstelle für Schulentwicklungsforschung der Universität Dortmund, Bd. 14, S. 149–160). Weinheim [u.a.]: Juventa Verl.

Bourdieu, P. (1982). *Die feinen Unterschiede – Kritik der gesellschaftlichen Urteilskraft*. Frankfurt am Main: Suhrkamp.

Bourdieu, P. (1983). Ökonomisches Kapital, kulturelles Kapital, soziales Kapital. In R. Kreckel (Hrsg.), *Soziale Ungleichheiten*, Sonderband 2 der Zeitschrift „Soziale Welt", S. 183–198. Göttingen: Schwarzt & Co.

Giesinger, J. (2008). Begabtenförderung und Bildungsgerechtigkeit. In H. Ullrich & S. Strunck (Hrsg.), *Begabtenförderung an Gymnasien. Entwicklungen, Befunde, Perspektiven* (Schule und Gesellschaft, Bd. 41, 1. Aufl., S. 271–291). Wiesbaden: VS Verlag für Sozialwissenschaften.

Heinrich, M. (2010). Bildungsgerechtigkeit. Zum Problem der Anerkennung fragiler Bildungsprozesse innerhalb neuer Steuerung und demokratischer Governance. In S. Aufenanger, F. Hamburger, R. Tippelt & L. Ludwig (Hrsg.), *Bildung in der Demokratie. Beiträge zum 22. Kongress der Deutschen Gesellschaft für Erziehungswissenschaft Schriftenreihe der Deutschen Gesellschaft für Erziehungswissenschaft (DGfE)* (S. 125–143). Fachportal Pädagogik. DIPF.

Helmke, A. (2006). Was wissen wir über guten Unterricht? Über die Notwendigkeit einer Rückbesinnung auf den Unterricht als dem „Kerngeschäft" der Schule. *Pädagogik* (2), 42–45.

Institut für Bildungsmonitoring und Qualitätsentwicklung (Hrsg.). (2015). *Tätigkeitsbericht. 2012 bis 2014*. Hamburg.

Lehmann, R. H., Peek, R. & Gänsfuß, R. (1997). *Aspekte der Lernausgangslage von Schülerinnen und Schülern, die im Schuljahr 1996/97 eine fünfte Klasse an Hamburger Schulen besuchten. Bericht über die Erhebung im September 1996 (LAU 5)*. Hamburg: Behörde für Schule, Jugend und Berufsbildung, Amt für Schule.

Sachverständigenrat deutscher Stiftungen für Integration und Migration (SVR). (2016). *Ungleiches ungleich behandeln! Wege zu einer bedarfsorientierten Schulfinanzierung* (SVR, Hrsg.). Berlin.

Schulte, K., Hartig, J. & Pietsch, M. (2014). Der Sozialindex für Hamburger Schulen. In D. Fickermann & N. Maritzen (Hrsg.), *Grundlagen für eine daten- und theoriegestützte Schulentwicklung. Konzeption und Anspruch des Hamburger Instituts für Bildungsmonitoring und Qualitätsentwicklung (IfBQ)* (Hanse – Hamburger Schriften zur Qualität im Bildungswesen, Bd. 13, Bd. 13, S. 67–80). Münster, Westf: Waxmann.

Schulte, K., Hartig, J. & Pietsch, M. (2016). Berechnung und Weiterentwicklung des Sozialindex für Hamburger Schulen. In B. Groot-Wilken, K. Isaac & J.-P. Schräpler (Hrsg.), *Sozialindices für Schulen. Hintergründe, Methoden und Anwendung* (Beiträge zur Schulentwicklung, 1. Aufl., S. 157–172). Münster: Waxmann.

Schulz-Heidorf, K. (2016). *Individuelle Förderung im Unterricht: Eine Möglichkeit, soziale Herkunft und Schulerfolg zu entkoppeln? Eine Re-Analyse aus IGLU-E 2011.* Berlin: epubli.

Tillmann, K. & Weishaupt, H. (2015). Ansätze bedarfsorientierter Ressourcenausstattung von sozial belasteten Schulen in Deutschland. Eine Situationsanalyse. *Zeitschrift für Bildungsverwaltung* (2), 5–26.

Weishaupt, H. (2016). Sozialindex – Ein Instrument zur Gestaltung faire Vergleiche: Einführung. In B. Groot-Wilken, K. Isaac & J.-P. Schräpler (Hrsg.), *Sozialindices für Schulen. Hintergründe, Methoden und Anwendung* (Beiträge zur Schulentwicklung, 1. Aufl., S. 13–26). Münster: Waxmann.

Vucko Schüchner, Philipp Schnell und Iris Schwarzenbacher

Schulen gerecht finanzieren: Ein Chancen-Index-Modell für Österreich

In Österreich werden Bildungschancen nach wie vor vererbt. So ist für den Lernerfolg eines Kindes in hohem Maße die soziale Herkunft ausschlaggebend, da es unserem Schulsystem nicht ausreichend gelingt, soziale Benachteiligungen auszugleichen. Um diesem Missstand zu entgegnen, hat die Arbeiterkammer Wien (AK Wien) ein Modell der Bildungsfinanzierung ausgearbeitet, das eine gerechte Verteilung der Ressourcen mit sich bringen und sozialen Ungleichheiten entgegenwirken würde. Das Chancen-Index-Modell besteht einerseits aus einer gerechten und transparenten Basis-Finanzierung für alle Schulstandorte und zweitens aus zusätzlichen Mitteln, die bedarfsorientiert jenen Schulen zu Gute kommen, die aufgrund der sozialen Zusammensetzung ihrer SchülerInnen besonderen Förderbedarf haben. Verknüpft werden die zusätzlichen Mittel mit aktiver Schulentwicklung und pädagogischer Freiheit der Standorte, um eine nachhaltige Weiterentwicklung zu gewährleisten. Der folgende Beitrag stellt das Chancen-Index-Modell vor, das das Ziel verfolgt, jedes Kind optimal zu fördern und Bildungschancen gerecht zu verteilen.

Warum braucht es ein neues Finanzierungsmodell?

Unzählige Studien dokumentieren seit Jahren, dass Bildungschancen in Österreich sehr ungleich verteilt sind (vgl. Bacher 2003, 2005; Erler 2007; Bruneforth et al. 2016). Je höher beispielsweise der Bildungsabschluss der Eltern, desto höher ist die Chance auf einen ebensolchen Abschluss. So erreichen 54% der Kinder, deren Eltern einen Universitätsabschluss haben, ebenfalls einen gleichwertigen Abschluss. Haben die Eltern jedoch maximal Pflichtschulabschluss, gelingt nur 6% der Kinder ein akademischer Abschluss (Altzinger et al. 2013).

Auch bei Betrachtung des Kompetenzerwerbs werden diese Bildungsungleichheiten deutlich, wie Simone Breit und Claudia Schreiner in ihrem Beitrag in diesem Heft im Detail ausführen. So zeigt sich die Bildungsvererbung ebenfalls in Form von deutlichen Leistungsunterschieden unter Kindern auf der vierten und achten Schulstufe – abhängig vom Bildungshintergrund der Eltern. Am Ende der Volksschule beträgt im Schulfach Deutsch der Unterschied zwischen Kindern von Eltern mit einem akademischen Abschluss und Kindern von Eltern mit maximal Pflichtschulabschluss 29,8 Schulmonate. Dies entspricht ungefähr 3 Schuljahren, die das Kind aufholen müsste, um mit den Kindern aus AkademikerInnen-Familien gleichzuziehen. Bis zur achten Schulstufe verringert sich dieser Abstand zwar etwas, bleibt aber dennoch hoch (z.B. 22,5 Monaten in Deutsch). Auch der „Faktor" Migrationshintergrund wirkt sich deutlich auf den Lernerfolg aus. So besteht zwischen SchülerInnen mit und ohne Migrationshintergrund in der 4. Schulstufe ein Unterschied von 14,4 Monaten und nach der 8. Schulstufe von sogar 16,2 Monaten im Schulfach Deutsch; die Werte für Mathematik sind ähnlich hoch (vgl. Bruneforth et al. 2012). Dieses Bild verändert sich kaum, wenn anstatt des Geburtslandes der Eltern betrachtet wird, ob die Erstsprache der SchülerInnen Deutsch oder eine andere Sprache ist (vgl. Breit et al. 2016).

Bildungschancen korrelieren also stark mit der sozialen Herkunft und die Schule scheint dies nur unzureichend auszugleichen. Zusätzlich verstärkt sich die soziale Ungleichheit dadurch, dass die unterschiedlichen Voraussetzungen, die Kinder mitbringen, sehr unterschiedlich auf Schulen verteilt sind. Je höher der Anteil der sozial benachteiligten SchülerInnen an den Schulstandorten, desto schwieriger ist es, die SchülerInnen zu einem erfolgreichen Bildungsabschluss zu bringen (vgl. Biedermann et al. 2016; Herzog-Punzenberger 2017). Die Bildungsstandard-Erhebungen (BIST) zeigen, dass jede fünfte Volksschule in Österreich mit einer hohen oder sehr hohen sozialen Benachteiligung konfrontiert ist, d.h. sie hat einen sehr hohen Anteil an SchülerInnen aus bildungsfernen Familien, mit Migrationshintergrund und/oder einer anderen Erstsprache als Deutsch. Weitere 21% der Volksschulen weisen eine mittlere Benachteiligung auf. In urbanen Gebieten verstärkt sich diese Situation: So gibt es in Wien 35% mit sehr hoher und 22% mit hoher Benachteiligung. Dem gegenüber steht z.B. das Burgenland mit 0% in diesen beiden Gruppen (vgl. Breit et al. 2016).

Berücksichtigung der Unterschiede bei Mittelzuteilung notwendig

Die beschriebenen sozialen und sozioökonomischen Unterschiede an den Schulstandorten spielen jedoch derzeit bei der Zuteilung von Personal- und Sachaufwand keine systematische Rolle, wie Lorenz Lassnigg auch in diesem Heft detailliert analysiert. Es lässt sich generell feststellen, dass es im aktuellen Bildungssystem nicht nachvollziehbar ist, wie und nach welchen Kriterien finanzielle Mittel an Schulen verteilt werden. Die Bildungsfinanzierung verfügt also über ein erhebliches Transparenzproblem (vgl. Lassnigg et al. 2016). Zusätzlich zeigt sich, dass im bisherigen Finanzierungssystem bereits eine sehr ungleiche Verteilung der Ressourcen auf SchülerInnen erfolgt, die jedoch nicht mit dem tatsächlichen Bedarf zusammenhängt. Sehr große Unterschiede bestehen bei der Klassengröße und in der Verteilung der Lehrkräfte pro Klasse (vgl. Vogtenhuber, Lassnigg 2015). Die Ressourcen werden bisher nicht indexbasiert verteilt, d.h. nicht nach sozialen bzw. sozioökonomischen Kriterien. „Klassengröße sowie Betreuungsrelationen zeigen im Gegenteil, dass Schulen in ländlichen Regionen und mit geringer sozialer Benachteiligung durchgehend besser ausgestattet sind als Schulen in Ballungsgebieten" (Lassnigg et al. 2016, S. 337).

Die Unterschiede in der Ausstattung liegen unter anderem daran, dass das derzeitige Finanzierungssystem nicht in der Lage ist, systematisch auf veränderte Rahmenbedingungen, wie z.B. demografische Entwicklungen, zu reagieren. Denn während im ländlichen Raum durch den demografischen Rückgang immer mehr finanzielle Mittel pro SchülerIn zur Verfügung stehen, haben Schulen in Ballungszentren, in denen die Anzahl der Schulkinder tendenziell sogar steigt, im Vergleich dazu immer weniger Ressourcen pro Kopf zur Verfügung (vgl. Lassnigg et al. 2016, Schnell & Kastner 2015). Doch genau in den Ballungszentren sind Schulen häufig mit erheblichen sozialen Herausforderungen konfrontiert und bräuchten dringend zusätzliche Ressourcen, um soziale Ungleichheiten auszugleichen. Es liegt also nahe, dass eine Kriterien geleitete Bildungsfinanzierung notwendig ist, um solchen Herausforderungen begegnen zu können.

Modelle zum Ausgleich von Benachteiligung durch vermehrte Mittelzuteilung werden bereits unter anderem in mehreren Kantonen in der Schweiz, einigen deutschen Bundesländern, wie zum Beispiel die mit Wien vergleichbare Stadt Hamburg, Belgien und seit mehr als 25 Jahren in den Niederlanden mit Erfolg praktiziert (Vgl. Morris-Lange 2016; Sugerman et al. 2017; Kuschej, Schönpflug 2014; Isaac 2016; Schulte et al. 2016). Auch die OECD empfiehlt die Umstellung auf eine indexbasierte Mittelverteilung als eine Maßnahme zur Reduktion von sozialen Benachteiligungen (vgl. OECD 2012a, 2012b).

Ein neues Modell der Schulfinanzierung für Österreich: Der Chancen-Index

Um mit diesen unterschiedlichen Rahmenbedingungen umzugehen, ein entsprechendes Lernumfeld zu schaffen und letztlich sozialen Ungleichheiten entgegenzuwirken, braucht es erstens eine fokussierte pädagogische Standortentwicklung mit engagierten PädagogInnen, Fortbildung und Teamentwicklung. Zweitens ist eine ausreichende finanzielle Ausstattung der Standorte dringend notwendig, um das Vorgenommene auch umsetzen zu können. Dazu hat die AK Wien das Chancen-Index-Modell entwickelt, das im Vergleich zum bestehenden System keinen Standort benachteiligt und Schulen mit großen Herausforderungen die entsprechenden zusätzlichen Ressourcen zukommen lässt.

Als Basis des Finanzierungsmodells erhält jeder Schulstandort Ressourcen, die auf Grundlage der Zahl der SchülerInnen und der über den Lehrplan definierten Aufgaben berechnet werden. Diese Basis-Ressourcen berücksichtigen auch administrative Unterstützung sowie Zusatzaufgaben an Schulstandorten, wie der Abbau von Lernschwächen, Legasthenie oder Verhaltensauffälligkeiten.

Zusätzlich zu diesen Basismitteln soll es für Schulen mit großem Förderbedarf Mittel auf Grundlage eines Chancen-Index geben, um soziale Benachteiligungen ausgleichen zu können. Je höher der Indexwert, der auf Basis der sozialen Zusammensetzung der SchülerInnenpopulation des jeweiligen Standorts berechnet wird, desto mehr Personal bekommt die Schule zur Bewältigung der vielfältigen Herausforderungen.

Da zusätzliche finanzielle Mittel alleine jedoch noch nichts bewirken (vgl. Kuschej & Schönpflug 2014), sollen diese an einen Qualitätsentwicklungsprozess der jeweiligen Schulen gebunden werden, um den Standort nachhaltig weiterzuentwickeln. Dabei bleibt es dem Schulstandort überlassen, ob die finanziellen Mittel beispielsweise für mehr LehrerInnen oder mehr SozialarbeiterInnen verwendet werden.

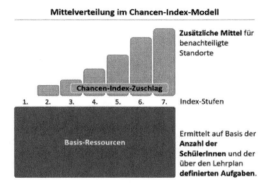

Abbildung 1: Das Chancen-Index-Modell im Überblick

Nachhaltige Verbesserung durch Schulentwicklung und pädagogische Autonomie

Um das optimale Angebot für SchülerInnen zu ermöglichen und die Mittel des Chancen-Index zielsicher einzusetzen zu können, braucht es umfassende pädagogische Freiheit an den Standorten sowie aktive Schulentwicklung. Daher sieht das Chancen-Index-Modell vor, dass sich die Schulstandorte in einen Schulentwicklungsprozess begeben und Schulkonzepte für die pädagogische Arbeit erstellen müssen, um Mittel aus dem Chancen-Index abrufen zu können. Grundlage dafür ist eine umfassende Standortanalyse. Diese umfasst die Analyse der Situation an der Schule allgemein, des PädagogInnen-Teams, der Zusammensetzung der SchülerInnen und eine Analyse auf Basis externer Daten wie z.B. der Bildungsstandard-Testungen oder der Informellen Kompetenzmessungen.[1] Darauf auf-

---

1 Vgl. https://www.bifie.at/bildungsstandards bzw. https://www.bifie.at/ikm (zugriff zuletzt am 21.12.2017)

bauend soll ein Standortkonzept entwickelt werden, das sich der Frage widmet, wie mit den jeweiligen Herausforderungen umgegangen wird.

Auf Basis dieses Standortkonzepts werden Zielvereinbarungen (kurz-, mittel-, und langfristige) zwischen Schulaufsicht und Schulleitung getroffen und damit ein Qualitätsentwicklungsprozess gestartet. Darüber hinaus ist das Schulkonzept die Grundlage für die Auswahl für die Zusammensetzung des PädagogInnen-Teams, das am Standort zum Einsatz kommt. Abhängig von den jeweiligen Herausforderungen werden multiprofessionelle Teams aus LehrerInnen, FreizeitpädagogInnen, ElementarpädagogInnen, SchulsozialarbeiterInnnen, SprachheillehrerInnen oder PsychologInnen, etc. zusammengestellt. Außerdem legt das Standortkonzept die konkrete pädagogische Ausgestaltung des Schulalltags fest, z.B. bezüglich Zeitrahmen, Stundentaktung, Gruppengröße oder Organisationsstruktur. Die jeweiligen Schulstandorte verfügen über pädagogische Freiheit und können ihr pädagogisches Konzepts autonom umsetzen. Die Schulaufsicht begleitet und unterstützt sie bei der Entwicklung.

Um die Möglichkeiten der pädagogischen Freiheit, der autonomen Schulentwicklung und des zur Verfügung stehenden Personals optimal ausnutzen zu können, bedarf es einer entsprechenden Größe der jeweiligen Schul- und Verwaltungseinheiten. Kleine Schulen haben nur beschränkte Möglichkeiten für pädagogischen Austausch und Weiterentwicklung. Mehr SchülerInnen und somit mehr PädagogInnen am Standort erlauben ein flexibleres und differenzierteres Angebot. Daher werden als Basis für das Chancen-Index-Modell Schulen zu Schulclustern zusammengefasst. Dabei ist „eine Schülerinnen- und Schülerzahl von 200 bis 2.500 anzustreben. Mehrere Standorte (auch Schularten übergreifend) können gemeinsam geleitet werden" (Bildungsreformkommission 2015).

Berechnung der Basis-Ressourcen

Um an jedem Standort eine gute Unterrichtsumgebung zu ermöglichen, werden die Basis-Ressourcen definiert. Dafür wurden die Stundentafeln der jeweiligen Lehrpläne und Gespräche mit PraktikerInnen aus der Schule und der Verwaltung herangezogen. Die Berechnung der jeweiligen zur Verfügung stehenden Mittel basiert auf der realen Anzahl der SchülerInnen und den im Lehrplan vorgesehenen Unterrichtsstunden pro Schulstufe. Zusätzliche Stunden für Individualisierung und innere Differenzierung, verbindliche Übungen, Teilung in Fächern wie Werken, Förderunterricht sowie eine Supplierreserve werden in die Berechnungsformel des Modells miteinbezogen. Aus der Summe der Stunden dividiert durch die 22 Stunden, die für ein Vollzeitäquivalent (VZÄ) angenommen werden, ergeben sich die dem Schulcluster zustehenden pädagogischen Personalressourcen in VZÄ. Für die Administration am Standort stehen darüber hinaus 0,05 Stunden pro SchülerIn und Woche zur Verfügung. Dieser wird durch 40 dividiert und ergibt die zur Verfügung stehenden administrativen Personalressourcen in VZÄ.

Um den Zusammenschluss zu größeren Schulclustern zu fördern, gibt es einen Cluster-Bonus, also einen Zuschlag zu den Basisfinanzierungsmittel für größere Cluster. Während ein Schulcluster der kleinsten Clustergröße (180–299 SchülerInnen) 100% der Basis-Ressourcen erhält, belaufen sich die Basis-Mittel beispielsweise bei 500 SchülerInnen auf 106% und bei Schulen in der größten Clusterkategorie (800–2500 SchülerInnen) auf 112%. Zusätzlich stehen Mittel für die Leitung des Clusters zur Verfügung, die ebenfalls von der Clustergröße abhängen. So steht für 200 SchülerInnen ein VZÄ für die Cluster-Leitung zur Verfügung, während in der größten Clusterkategorie, also ab 800 SchülerInnen, 2,2 VZÄ vorgesehen sind, um unterstützende Tätigkeiten auf Leitungsebene der Cluster abdecken zu können.

Zu den Basis-Ressourcen wird ein Förderzuschlag für Lernschwächen, Legasthenie, Verhaltensauffälligkeiten, etc. addiert. Es wird davon ausgegangen, dass über die SchülerInnenpopulation 1,5% der SchülerInnen einen Bedarf haben und deshalb zusätzliche Ressourcen notwendig sind. Diese Annahme beruht auf Erfahrungen von ExpertInnen.

Dieses Berechnungsmodell würde für die Schulstandorte bedeuten, dass einer Klasse mit 25 SchülerInnen in der Grundstufe rund 1,9 VZÄ und in der Mittelstufe rund 2,5 VZÄ zur Verfügung stehen würden. Mit dieser personellen Grundausstattung wäre an jedem Standort der Einsatz eines multiprofessionellen PädagogInnenteams, einer Standort-Leitung sowie administrative Unterstützung gewährleistet. Der Pro-Kopf-Ansatz der Ressourcen-Berechnung stellt dabei die Basis für ein transparentes und gerechtes Finanzierungsmodell dar, in dem jedes Kind zählt.

Berechnung des Chancen-Index-Werts

Zusätzlich zu den Basis-Ressourcen sollen im Chancen-Index-Modell Schulen mit höherem Förderbedarf weitere Mittel bekommen, um soziale Ungleichheiten bestmöglich ausgleichen zu können. Dafür wurde auf Basis der Überlegungen des Linzer Soziologen Johann Bacher (vgl. Bacher 2015) und unter Einbeziehung internationaler Erfahrungen (vgl. Kuschej & Schönpflug 2014) eine schlanke und einfach nachvollziehbare Berechnungsformel entwickelt. Als wichtigster Faktor für die Berechnung wird der Bildungsstand der Eltern herangezogen und als zweiter, etwas geringer gewichteter Faktor die Umgangssprache der SchülerInnen. Denn wie bereits ausgeführt wurde, konnten diese Indikatoren als zwei wesentliche Faktoren für Chancenungleichheit und Bildungsbenachteiligung identifiziert werden (Bruneforth et al. 2012; Herzog-Punzenberger & Schnell 2012).

Die Gewichtung der beiden Faktoren basiert auf den in den Bildungsstandard-Testungen beobachteten Leistungsunterschieden zwischen SchülerInnen mit unterschiedlichem Bildungshintergrund und einer anderen Erstsprache als Deutsch, welche als Schätzwert für die Gewichtung des Faktors Alltagssprache herangezogen wird. Betrachtet man die Unterschiede im Lernerfolg, kann die jeweilige Benachteiligung der SchülerInnen abgeleitet werden[2]. Nachdem ein/e SchülerIn, deren Eltern maximal Pflichtschulabschluss haben, statistisch gesehen die größten Leistungsunterschiede aufweist (27 Monate im Vergleich mit Kindern aus AkademikerInnen-Familien), wird hier die größte Benachteiligung angenommen. Es wird von 100% Benachteiligung ausgegangen und somit der

---

2   Als Berechnungsbasis wurden die in Schulmonaten gemessenen Leistungsunterschiede zwischen SchülerInnen unterschiedlichen Bildungshintergrundes (vgl. Bruneforth et al. 2012) bzw. unterschiedlicher Erstsprache (vgl. Breit et al. 2016) herangezogen. Aus den jeweiligen Unterschieden in Deutsch und Mathematik auf der 4. und auf der 8. Schulstufe, also aus jeweils vier Werten, wurde ein Durchschnitt gebildet, der die Grundlage für die folgenden Berechnungen darstellt.

Wert 1 festgelegt. Haben die Eltern einen Hochschulabschluss, wird die geringste Benachteiligung angenommen (0% Benachteiligung) und damit der Wert 0. Bei Eltern mit dem Abschluss einer mittleren Schule oder einer Lehre ergibt dies den Wert 0,6 (Benachteiligung von 63%) und bei Eltern mit Matura den Wert 0,3 (30% Benachteiligung). Im Vergleich zur Benachteiligung aufgrund des Bildungshintergrunds der Eltern, wird die Benachteiligung aufgrund der Alltagssprache etwas geringer angenommen (59% Benachteiligung) und entspricht daher dem Wert 0,6.[3] Ist die Alltagssprache Deutsch, wird diesbezüglich keine Benachteiligung angenommen und der Wert 0 festgelegt.

Diese Angaben werden nun in die Berechnungsformel eingesetzt, um einen Chancen-Index-Wert für jede/n SchülerIn zu berechnen. Basis für jedes Kind ist der Wert 100 und steht damit für keine soziale Benachteiligung aufgrund des familiären Hintergrundes. Durch das Einsetzen der Faktorenwerte ergibt sich ein Wert zwischen 100 (keine Benachteiligung – Eltern Hochschulabschluss und Alltagssprache Deutsch) und 180 (größte Benachteiligung – Eltern max. Pflichtschulabschluss und Alltagssprache nicht Deutsch).

$$\text{Berechnung Index je SchülerIn} = 100 \times \left(1 + \frac{\frac{x^1 + x^2}{2} + y}{2}\right)$$

Bildung der Eltern [x^1 und x^2]
Alltagssprache [y]

Abbildung 2: Formel zur Berechnung des Chancen-Index-Wertes pro SchülerIn

Basierend auf den Angaben zu den einzelnen SchülerInnen wird der Chancen-Index-Wert für den Schulcluster ermittelt (Es werden alle Werte der SchülerInnen addiert und durch die Anzahl der SchülerInnen dividiert). Dies ergibt den Chancen-Index-Wert des Schulclusters für ein Schuljahr. Um eine solide Planungsgröße für die Schulcluster zu bekommen, wird ein Durchschnittswert der

---

3   Da es keine Daten zur Alltagssprache der SchülerInnen gibt, wurde hierfür die Erstsprache berücksichtigt.

Schulcluster Chancen-Index-Werte der letzten fünf Jahre ermittelt, der den für die Ressourcenzuteilung relevanten Wert darstellt.

	Deutsch	Nicht Deutsch
Max. Pflichtschulabschluss	150	180
Lehrabschluss / mittlere Schule	130	160
Matura (inkl. Kolleg)	115	145
Hochschule (inkl. Akademie)	100	130

Abbildung 3: Chancen-Index-Werte im Überblick, basierend auf höchstem Bildungsabschluss der Eltern und Alltagssprache

Die Indexwerte werden insgesamt 7 Indexstufen zugeteilt. Je nach Indexstufe bekommen die Schulcluster zusätzliche Ressourcen. Basis für die Berechnung dieser zusätzlichen Mittel ist jener Bedarf, der für eine Schule auf Stufe 7 (höchste Benachteiligung) zur Bewältigung der vielfältigen Herausforderungen angenommen wird. Auf Basis von Gesprächen mit ExpertInnen[4] wurde die notwendige Stundenanzahl ermittelt, um SchülerInnen in diesen Schulclustern mit ihren Problemen und Herausforderungen optimal begleiten zu können. So wurde für Volksschulen auf Stufe 7 ein zusätzlicher Bedarf von 1,55 Vollzeitäquivalenten (VZÄ) pro Schulklasse ermittelt, für NMS und AHS-Unterstufe entspricht der Mehrbedarf 1,64 VZÄ.[5] Zusätzlich benötigen diese Schulcluster pro SchülerIn 0,075 Stunden für administrative Unterstützung.

Einem Schulcluster der Indexstufe 7 stehen diese zusätzlichen Mittel zu 100% zur Verfügung, da der Förderbedarf als besonders hoch angenommen wird. Ein Cluster der Indexstufe 6 erhält 75% der zusätzlichen Ressourcen, Stufe 5 wird 50% zugeteilt, für Stufe 4 stehen 25% der Maximalsumme zur Verfügung, Stufe 3 und Stufe 2 bekommen aufgrund der geringeren Benachteiligung einen niedrigeren Anteil (12,5% bzw. 6,25%). Schulen der Stufe 1 erhalten keine zusätzlichen Mittel auf Basis des Chancen-Index, da die Basisfinan-

---

4 Schulaufsicht, PädagogInnen aus der Praxis, ExpertInnenworkshops im Zuge der Veranstaltungsreihe „Zukunft trotz(t) Herkunft" der AK Wien
5 Angenommen wird eine durchschnittliche Unterrichtsverpflichtung von 22 Wochenstunden und eine Klassengröße von 25 SchülerInnen

zierung als ausreichend angenommen wird. Das Chancen-Index-Modell sieht vor, dass die zusätzlichen Ressourcen je nach Herausforderung und pädagogischem Konzept entsprechend autonom eingesetzt werden können.

Das Chancen-Index-Modell umgelegt auf Österreich

Um ein Bild zu zeichnen, wie sich der Chancen-Index auf das österreichische Bildungssystem auswirken würde, wurde das Modell mithilfe der abgestimmten Erwerbsstatistik (2013) der Statistik Austria sowie der BIST-Daten (vgl. Schreiner & Breit 2013) rechnerisch angewandt. Auf Basis dieser Daten wurden Schulcluster gebildet. Befanden sich weniger als 200 SchülerInnen in einer Gemeinde, wurden mehrere Gemeinden zu einem Schulcluster zusammengefasst. In größeren Gemeinden wurden entweder größere Cluster bis zu 700 SchülerInnen oder mehrere Schulcluster mit zumindest 200 SchülerInnen gebildet.

Anschließend wurde der jeweilige Chancen-Index-Wert für jedes Schulcluster errechnet. Dabei zeigt sich folgende Verteilung: Rund 17% der Schulcluster sind auf den Indexstufen 5 bis 7, d.h. sie weisen ein relativ hohes Maß an sozialer Benachteiligung auf. 13% der Schulcluster befinden sich hingegen auf Stufe 1 oder 2 des Chancen-Index, also auf der anderen Seite des Spektrums. Mit rund 70% liegt die überwiegende Mehrheit der Schulcluster auf den gut durchmischten Chancen-Index-Stufen 3 und 4.

Die Unterschiede des Lernumfeldes zeigen sich auch bezüglich der unterschiedlichen Schultypen. So finden sich in der Volksschule die meisten Schulcluster auf Chancen-Index-Stufe 3, haben also mittleren Unterstützungsbedarf. In der Mittelstufe geht die Tendenz bei der Neuen Mittelschule Richtung Indexstufe 4 und bei der AHS in Richtung Stufe 2. Hier zeigen sich die Auswirkungen der Selektion der SchülerInnen nach der Volksschule: SchülerInnen, deren Eltern einen höheren Bildungsabschluss haben und deren Alltagssprache Deutsch ist (niedriger Chancen-Index-Wert), gehen eher in eine AHS-Unterstufe, während SchülerInnen mit einem niedrigeren Bildungshintergrund der Eltern und einer anderen Alltagssprache als Deutsch (höherer Chancen-Index-Wert) eher die Neue Mittelschule besuchen. Aber auch bei AHS-Unterstufen kommt es zu ungleichen

Rahmenbedingungen. So erreichen 9% der Standorte in der AHS-Unterstufe Werte zwischen 5 und 7 und haben damit einen hohen Unterstützungsbedarf.

Die Berechnungen zum Chancen-Index-Modells zeigen, dass für eine gerechte Förderung aller SchülerInnen zusätzliche Mittel für PädagogInnen notwendig wären. Momentan arbeiten laut OECD in Volksschulen PädagogInnen im Ausmaß von rund 26.900 Vollzeitbeschäftigten (Vollzeitäquivalente – VZÄ) und in der Neuen Mittelschule rund 23.100 VZÄ[6] (vgl. OECD 2016). Bei einer Implementierung des Chancen-Index-Modells müsste der Anteil der VollzeitmitarbeiterInnen in der Volksschule um rund 12% (3100 VZÄ) und in der Neuen Mittelschule um rund 10% (2400 VZÄ) steigen. Dies gilt für alle Bundesländer, wobei der Zuwachs zwischen den Ländern unterschiedlich hoch ausfällt. In der Volksschule beläuft sich der Mehrbedarf an PädagogInnen im Burgenland auf +2% und in Wien +31%, in der neuen Mittelschulen sind es +3% in Kärnten und +35% in Wien. Die unterschiedliche Höhe der Zuwächse hängt damit zusammen, dass Schulen in Ballungsgebieten derzeit erhebliche Nachteile bei der Finanzierung haben – trotz vielfältiger Herausforderungen und unterschiedlicher Zusammensetzung der SchülerInnenpopulation in den einzelnen Bundesländern.

Legt man die berechneten VZÄ zu Grunde und kalkuliert die Kosten pro VZÄ mit einem durchschnittlichen Gehalt von PflichtschullehrerInnen[7], ergibt dies einen zusätzlichen Budgetbedarf in der Volksschule von rund 176 Millionen Euro, in der Neuen Mittelschule wären es 132 Millionen Euro. Wesentlich dabei ist, dass durch eine ausreichende Anzahl an PädagogInnen und eine gerechte und transparente Berechnung der Basis-Mittel jeder Standort profitieren würde. Zusätzlich könnten durch den Einsatz von weiteren MitarbeiterInnen an Standorten mit besonderen Herausforderungen soziale Ungleichheiten ausgeglichen und benachteiligte

---

6   Mit den verfügbaren Daten konnten die Berechnungen mit der angewandten Methodik nur für Pflichtschulen durchgeführt werden. Die Darstellungen beziehen sich daher nur auf Volksschulen und Neue Mittelschulen. Die Ressourcenzuteilung an der AHS Unterstufe (Bundesschule) erfolgt nach einer anderen Logik und wurde deswegen hier nicht einbezogen.
7   Auskunft seitens des Bundesministeriums für Bildung (2017)

SchülerInnen zu besseren Bildungserfolgen begleitet werden. Dafür braucht es zusätzliches Budget, das gerecht verteilt wird und an einen Qualitätsentwicklungsprozess gekoppelt ist. Notwendig sind darüber hinaus Schulkonzepte für die pädagogische Arbeit am Schulstandort und fokussierte Schulentwicklung. Nur so können die Schulen nachhaltig weiterentwickelt werden mit dem Ziel, jedes Kind optimal zu fördern.

Auswirkungen auf die Schulstandorte

Im Folgenden wird anhand von statistisch errechneten Schulclustern (auf Gemeindeebene) skizziert, wie sich die Einführung des Chancen-Index-Modells auf einzelne Standorte auswirken würde. Dazu werden die derzeit zugeteilten Ressourcen mit jenen verglichen, die einem Standort gemäß Chancen-Index-Modell zukommen würden.

Volksschule A hat 312 SchülerInnen. 53% der Eltern haben max. Pflichtschulabschluss, 29% haben einen Lehrabschluss oder eine mittlere Schule abgeschlossen, 10% haben Matura und 8% einen Hochschulabschluss. 44% haben als Alltagssprache Deutsch und 56% eine andere Alltagssprache. Diese Schule hat eine relativ hohe soziale Benachteiligung. Mit dem Chancen-Index-Wert 153,5 liegt sie in der Indexstufe 6.

Derzeit bekommt dieser Standort 19,21 Vollzeitäquivalente (VZÄ) und eine Schulleitung zugewiesen. Mit dem Chancen-Index würde dieser Standort 22,17 VZÄ als Basis und 15,19 VZÄ als Chancen-Index-Zuschlag bekommen. Das wären 18,15 VZÄ mehr als aktuell, um die SchülerInnen zu fördern. Zusätzlich wären 1,2 VZÄ für die Leitung und 0,83 VZÄ für administrative Unterstützung vorgesehen. An diesem Standort würde jeder Klasse 2,34 VZÄ zur Verfügung stehen (16 Klassen mit durchschnittlich 19,5 SchülerInnen).

In **Volksschule B** gehen 288 SchülerInnen. 5% der Eltern haben max. Pflichtschulabschluss, 10% haben einen Lehrabschluss oder eine mittlere Schule abgeschlossen, 35% haben Matura und 50% einen Hochschulabschluss. 89% haben als Alltagssprache Deutsch und 11% eine andere Alltagssprache. In dieser Schule ist von einer eher geringen sozialen Benachteiligung auszugehen. Mit dem Chancen-Index-Wert 114,05 liegt sie in der Indexstufe 2.

Derzeit bekommt dieser Standort 15,57 VZÄ und eine Schulleitung zugewiesen. Mit dem Chancen-Index würde dieser Standort 20,45 VZÄ als Basis und 1,15 VZÄ als Chancen-Index-Zuschlag bekommen. Das wären 6,03 VZÄ mehr als aktuell für die Arbeit mit den Kindern. Zusätzlich wären 1 VZÄ für die Leitung und 0,39 VZÄ für administrative Unterstützung vorgesehen. In diesem Cluster würden jeder Schulklasse 1,8 VZÄ zur Verfügung stehen (12 Schulklassen á 24 SchülerInnen).

Die **Neue Mittelschule A** hat 294 SchülerInnen. 79% der Eltern haben max. Pflichtschulabschluss, 15% haben einen Lehrabschluss oder eine mittlere Schule abgeschlossen, 4% haben Matura und 2% einen Hochschulabschluss. 20% haben als Alltagssprache Deutsch und 80% eine andere Alltagssprache. Diese Schule ist mit sehr großen sozialen Herausforderungen konfrontiert. Mit dem Chancen-Index-Wert 168,92 liegt sie daher in der Indexstufe 7.

Derzeit bekommt dieser Standort 33,62 VZÄ und eine Schulleitung zugewiesen. Mit dem Chancen-Index würde dieser Standort 27,09 VZÄ als Basis und 19,76 VZÄ als Chancen-Index-Zuschlag bekommen. Das wären 13,23 VZÄ mehr als aktuell. Zusätzlich wären 1 VZÄ für die Leitung und 0,92 VZÄ für administrative Unterstützung vorgesehen. In diesem Cluster würden jeder Klasse 3,90 VZÄ zur Verfügung stehen (12 Klassen á 24,5 SchülerInnen).

In die **Neue Mittelschule B** gehen 200 SchülerInnen. 15% der Eltern haben max. Pflichtschulabschluss, 19% haben einen Lehrabschluss oder eine mittlere Schule abgeschlossen, 42% haben Matura und 24% einen Hochschulabschluss. 74% haben als Alltagssprache Deutsch und 26% eine andere Alltagssprache. In dieser Schule gibt es eine relativ gute Durchmischung. Mit dem Chancen-Index-Wert 127,3 liegt sie in der Indexstufe 3.

Derzeit bekommt dieser Standort 18,40 VZÄ und eine Schulleitung zugewiesen. Mit dem Chancen-Index würde dieser Standort 18,78 VZÄ als Basis und 1,68 VZÄ als Chancen-Index-Zuschlag bekommen. Das wären 2,06 VZÄ mehr als aktuell für die Arbeit mit den Kindern. Zusätzlich wären 1 VZÄ für die Leitung und

0,30 VZÄ für administrative Unterstützung vorgesehen. In diesem Cluster stehen jeder Klasse 2,56 VZÄ zur Verfügung (8 Klassen á 25 SchülerInnen).

Anhand dieser Rechenbeispiele wird deutlich, dass Volksschulstandorte durch eine Personal-Aufstockung generell vom Chancen-Index profitieren würden. Auch für Neue Mittelschulen würde der Chancen-Index eine Ausweitung der Personalressourcen bewirken, wobei hier die Bedarfsorientierung der zusätzlichen Mittel für manche Standorte deutlich höhere Budgetzuwächse bedeuten würden als für andere, bereits gut ausgestattete, um an allen Schulen besser auf Herausforderungen reagieren zu können.

Zusammenfassung und Fazit

Die Schulstandorte in Österreich sehen sich mit sehr unterschiedlichen Herausforderungen konfrontiert und benötigen insofern auch eine den Aufgaben angepasste Ausstattung. Internationale Beispiele zeigen, dass dies mit Hilfe einer auf Indikatoren beruhenden Finanzierung erfolgen kann. Auf Basis der Rahmenbedingungen in Österreich wurde daher von der AK Wien ein Chancen-Index-Modell entwickelt, das eine bedarfsorientierte und transparente Finanzierung bewirken und sozialen Ungleichheiten entgegenwirken würde. Die erste Säule des Modells ist eine gerecht und transparent ermittelte Basisfinanzierung für jede Schule, die zweite Säule ein bedarfsorientierter Chancen-Index-Zuschlag für Schulen mit höherem Förderbedarf. Als Berechnungsgrundlage für die Höhe dieses Zuschlags wird die soziale Zusammensetzung der SchülerInnen herangezogen – gemessen am Bildungsstand der Eltern und an der Alltagssprache der SchülerInnen, da sich diese als die wesentlichen Einflussfaktoren für Bildungsungleichheit erwiesen haben. Eine Aufstockung der finanziellen Mittel alleine reicht jedoch nicht aus, um den vielfältigen Herausforderungen des Bildungssystems begegnen zu können. Daher sieht das Chancen-Index-Modell vor, dass die Schulstandorte ein umfassendes pädagogisches Standortkonzept erarbeiten und sich in einen nachhaltigen Schulentwicklungsprozess begeben müssen. Um die pädagogischen Möglichkeiten ausschöpfen zu können, sollen die Schulstandorte über pädagogische Autonomie verfügen und die Mittel den jeweiligen Herausforderungen entsprechend einsetzen können. Einen besonderen Stellenwert hat dabei die Zusammensetzung eines multiprofessionellen pädagogischen Teams (LehrerInnen, SozialarbeiterInnen, FreizeitpädagogInnen, etc.) am jeweiligen Standort, um den jeweiligen Herausforderungen zu begegnen. Um eine gerechte Unterstützung aller SchülerInnen zu ermöglichen, bedarf es zusätzlicher Ressourcen, die gerecht verteilt werden. Die Einführung des Chancen-Index-Modells in Österreich würde daher eine Personal-Aufstockung mit sich bringen, die für die Volksschule ein Plus von 12%, für die Neue Mittelschule von rund 10% bedeuten würde. Die zusätzlichen Kosten dafür würden rund 300 Millionen Euro betragen.

Es braucht eine Systemumstellung, damit Bildungschancen in Österreich gerecht verteilt werden. Das Chancen-Index-Modell wäre ein wichtiger Schritt für mehr Gerechtigkeit und könnte dazu beitragen, dass jedes Kind optimal gefördert wird – unabhängig von seinem sozialen Hintergrund.

Literatur:

Altzinger, Wilfried; Lamei, Nadja; Rumplmaier, Bernhard; Schneebaum, Alyssa (2013): Intergenerationelle soziale Mobilität in Österreich. In: Statistische Nachrichten 1/2013, S. 48–62.

Bacher, Johann (2003): Bildungsungleichheit in Österreich. In: Kontraste, Nummer 9, S. 18–20.

Bacher Johann (2005): Bildungsungleichheit und Bildungsbenachteiligung im weiterführenden Schulsystem Österreichs. Eine Sekundäranalyse der PISA2000-Erhebung. In: SWS-Rundschau, Vol. 45, S. 37–63.

Bacher, Johann (2015): Indexbasierte Finanzierung des österreichischen Schulsystems zum Ausgleich sozialer Benachteiligungen. Verfügbar unter: http://www.jku.at/soz/content/e94921/e95831/e96904/e253262/IndexbasierteFinanzierungdessterreichischenSchulsystemsVersion4_ger.pdf

Biedermann, Horst; Weber, Christoph; Herzog-Punzenberger, Barbara; Nagel, Avrid (2016): Auf die Mitschüler/innen kommt es an? Schulische Segregation – Effekte der Schul- und Klassenzusammensetzung in der Primarstufe und der Sekundarstufe I. In: Bruneforth, Michael et al. (Hg.): Nationaler Bildungsbericht 2015 – Band 2: Fokussierte Analysen bildungspolitischer Schwerpunktthemen.Graz: Leykam, S. 133–174.

Bildungsreformkommission (2015): Vortrag an den Ministerrat. Verfügbar unter https://www.bmb.gv.at/ministerium/vp/2015/20151117.pdf

Breit, Simone; Bruneforth, Michael; Schreiner, Claudia (2016): Standardüberprüfung 2015. Deutsch, 4. Schulstufe. Bundesergebnisbericht. Salzburg: BIFIE.

Bruneforth, Michael; Weber, Christoph; Bacher, Johann (2012): Chancengleichheit und garantiertes Bildungsminimum in Österreich. In: Herzog-Punzenberger, Barbara (Hg.): Nationaler Bildungsbericht 2012 – Band 2: Fokussierte Analysen bildungspolitischer Schwerpunktthemen. Graz: Leykam,, S. 189–228.

Bruneforth, Michael; Eder, Ferdinand; Krainer, Konrad; Schreiner, Claudia; Seel, Andrea, Spiel Christiane (Hg.). (2016): Nationaler Bildungsbericht Österreich 2015, Band 2: Fokussierte Analysen bildungspolitischer Schwerpunktthemen. Graz: Leykam.

Erler, Ingolf (Hg.) (2007): Keine Chance für Lisa Simpson? Soziale Ungleichheit im Bildungssystem. Wien: Mandelbaum Verlag.

Herzog-Punzenberger (2017): Segregation – oder die Vielfalt in den Schulklassen? MiMe Policy Brief Nr. 5. Verfügbar unter http://paedpsych.jku.at/dev/wp-content/uploads/2017/09/Policy-Brief-05-Segregation-oder-die-Vielfalt-in-den-Schulklassen.pdf

Herzog-Punzenberger, Barbara & Philipp Schnell (2012): Die Situation mehrsprachiger Schüler/innen im österreichischen Schulsystem – Problemlagen, Rahmenbedingungen und internationaler Vergleich. In: Herzog-Punzenberger, Barbara (Hg.): Nationaler Bildungsbericht 2012 – Band 2: Fokussierte Analysen bildungspolitischer Schwerpunktthemen. Graz: Leykam, S. 229–268.

Isaac, Kevin (2016): Der Sozialindex und die Vorhersagekraft von Lernstandserhebungen in Nordrhein-Westfalen. Analysen zur relevanz diagnostischer Testverfahren. In: Groot-Wilken, Bernd et al. (Hg.): Sozialindices für Schulen. Hintergründe, Methoden und Anwendung. Münster, New York: Waxmann, S. 141–156.

Kuschej, Hermann & Schönpflug, Karin (2014): Indikatoren bedarfsorientierter Mittelverteilung im österreichischen Pflichtschulwesen. Materialien zu Wirtschaft und Gesellschaft, Nr. 128. Wien: AK Wien.

Lassnigg, Lorenz; Bruneforth, Michael; Vogtenhuber, Stefan (2016): Ein pragmatischer Zugang zu einer Policy-Analyse: Bildungsfinanzierung als Governance-Problem in Österreich. In: Bruneforth, Michael et al. (Hg.): Nationaler Bildungsbericht 2015 – Band 2: Fokussierte Analysen bildungspolitischer Schwerpunktthemen.Graz: Leykam, S. 305–352.

Morris-Lange, Simon (2016) Ungleiches ungleich behandeln! Wege zu einer bedarfsorientierten Schulfinanzierung. Policy Brief des SVR-Forschungsbereichs. Berlin: Sachverständigenrat deutscher Stiftungen für Integration und Migration.

OECD (2012a): Equity and Quality in Education: Supporting Disadvantaged Students and Schools. Spotlight Report: Austria. Verfügbar unter http://www.oecd.org/austria/49603557.pdf

OECD (2012b): Equity and Quality in Education. Supporting Disadvantaged Students and Schools. Paris: OECD.

OECD (2016): Bildung auf einen Blick 2016 – OECD Indikatoren. Bielefeld: W. Bertelsmann Verlag.

Schnell, Philipp & Andreas Kastner (2015): Wien wächst: 10.000 Volksschulkinder mehr bis 2020. A&W Blog. Verfügbar unter https://www.awblog.at/mehr-volksschulkinder/.

Schreiner, Claudia & Simone Breit (2013): Standardüberprüfung 2013 – Englisch, 8. Schulstufe – Landesergebnisbericht Wien. Salzburg: BIFIE.

Schulte, Klaudia; Hartig, Johannes; Schwanenberg, Jasmin (2016): Berechnung und Weiterentwicklung des Sozialindex für Hamburger Schulen. In: Groot-Wilken, Bernd et al. (Hg.): Sozialindices für Schulen. Hintergründe, Methoden und Anwendung. Münster, New York: Waxmann, S. 157–172.

Sugerman, Julie; Morris-Lange, Simon; McHugh, Margie (2016): Improving education for migrant-background students. A transatlantic comparison of school funding. Washington, DC: Migration Policy Institute.

Vogtenhuber & Lassnigg (2015): Durchführung von Berechnungen und Analysen zur Unterstützung der Erstellung eines Kapitels zum Thema „Ressourcennutzung und Gouvernance im österreichischen Bildungssystem" für den Band 2 des Nationalen Bildungsberichts Österreich 2015 (NBB 2015). Verfügbar auf Anfrage beim Bundesinstitut für Bildungsforschung, Innovation, & Entwicklung des Österreichischen Schulwesens (BIFIE); https://www.bifie.at/node/3387

AutorInnen

Simone Breit: Erziehungswissenschafterin, Leiterin des Departments Elementarpädagogik der PH NÖ und Leiterin des Departments NBB & Sonderprojekte am Bundesinstitut für Bildungsforschung, Innovation & Entwicklung des österreichischen Schulwesens (BIFIE), mehrjährige Erfahrung in der Durchführung nationaler und internationaler Assessments (System-Monitoring eines Schulsystems und der Schul- und Unterrichtsentwicklung)

Martina Diedrich: Studium der Psychologie, Promotion in Erziehungswissenschaft, langjährige Tätigkeit am Deutschen Institut für Internationale Pädagogische Forschung im Bereich Demokratieforschung und Wissenschaftsmanagement, seit 2009 in Hamburg, dort derzeit Leiterin der Abteilung Schulinspektion und Systemmonitoring am Institut für Bildungsmonitoring und Qualitätsentwicklung Hamburg

Juliane Heufelder: Studium der Erziehungs- und Bildungswissenschaft, seit 2016 wissenschaftliche Referentin für empirische Analysen am Institut für Bildungsmonitoring und Qualitätsentwicklung Hamburg (Arbeitsschwerpunkte: Sozialindex, wissenschaftliche Unterstützung der Schulinspektion)

Lorenz Lassnigg: Soziologe am Institut für Höhere Studien (IHS) in Wien, seit vielen Jahren in der sozialwissenschaftlichen Bildungsforschung aktiv, insbesondere an der Schnittstelle zwischen sozialen, politischen und ökonomischen Fragestellungen

Gabriele Lener: Studium der Soziologie, langjährige Arbeit als Lehrerin in Volksschulklassen mit mehrsprachigen und inklusiven Schwerpunkten, seit 2014 Leiterin einer Ganztagsvolksschule in Wien.

Sonja Nakowitz: Studium der Bildungswissenschaft und der Politikwissenschaft, Arbeitsschwerpunkt „Bildung und soziale Ungleichheit"

Philipp Schnell: Soziologe, Bildungsexperte an der Arbeiterkammer Wien (Arbeitsschwerpunkte: Bildungsstatistik, Bildungsbudget, Weiterbildungspolitik)

Claudia Schreiner: Doktorat der Erziehungswissenschaft, Lehramt für Mathematik und Pädagogik, Psychologie, Philosophie; Direktorin des Bundesinstituts für Bildungsforschung, Innovation & Entwicklung des österreichischen Schulwesens (BIFIE); mehrjährige Erfahrung in der Durchführung nationaler und internationaler Assessments (System-Monitoring eines Schulsystems und der Schul- und Unterrichtsentwicklung)

Vucko Schüchner: Elementarpädagoge und Medienpädagoge; Stellvertretender Leiter der Abteilung Bildungspolitik und Bildungsexperte der Arbeiterkammer Wien (Arbeitsschwerpunkte: Allgemeinbildende Schulen, Sozialindizierte Mittelverteilung, Bildungsstandards und internationale Studien)

Klaudia Schulte: Studium der Psychologie, seit 2011 wissenschaftliche Referentin für empirische Analysen am Institut für Bildungsmonitoring und Qualitätsentwicklung Hamburg (Arbeitsschwerpunkte: Sozialindex, Systemanalysen)

Iris Schwarzenbacher: Sozioökonomin, Bildungsexpertin an der Arbeiterkammer Wien (Arbeitsschwerpunkte: Bildungsstatistik, Hochschulpolitik, Digitalisierung und Bildung)

Maike Warmt: Studium der Psychologie, Promotion in Erziehungswissenschaft, Leitung des Referats Systemanalysen und Bildungsberichterstattung am Institut für Bildungsmonitoring und Qualitätsentwicklung Hamburg

LIEFERBARE TITEL

Nr.	Titel	Preis
88	Lehren und Lernen fremder Sprachen	€ 8,70
89	Hauptfach Werkerziehung	€ 8,70
90	Macht in der Schule	€ 8,70
92	Globalisierung, Regionalisierung, Ethnisierung	€ 10,90
93	Ethikunterricht	€ 8,70
94	Behinderung. Integration in der Schule	€ 10,90
95	Lebensfach Musik	€ 10,90
96	Schulentwicklung	€ 10,90
97	Leibeserziehung	€ 12,40
98	Alternative Leistungsbeurteilung	€ 11,60
99	Neue Medien I	€ 11,60
100	Neue Medien II	€ 10,90
101	Friedenskultur	€ 10,90
102	Gesamtschule – 25 Jahre schulheft	€ 10,90
103	Esoterik im Bildungsbereich	€ 10,90
104	Geschlechtergrenzen überschreiten	€ 10,90
105	Die Mühen der Erinnerung Band 1	€ 10,90
106	Die Mühen der Erinnerung Band 2	€ 10,90
107	Mahlzeit? Ernährung	€ 10,90
108	LehrerInnenbildung	€ 11,60
109	Begabung	€ 11,60
110	leben – lesen – erzählen	€ 11,60
111	Auf dem Weg – Kunst- und Kulturvermittlung	€ 11,60
112	Schwarz-blaues Reformsparen	€ 8,70
113	Wa(h)re Bildung	€ 14,00
114	Integration?	€ 14,00
115	Roma und Sinti	€ 14,00
116	Pädagogisierung	€ 14,00
117	Aufrüstung u. Sozialabbau	€ 14,00
118	Kontrollgesellschaft und Schule	€ 14,00
119	Religiöser Fundamentalismus	€ 14,00
120	2005 Revisited	€ 14,00
121	Erinnerungskultur – Mauthausen	€ 14,00
122	Gendermainstreaming	€ 14,00
123	Soziale Ungleichheit	€ 14,00
124	Biologismus – Rassismus	€ 14,00
125	Verfrühpädagogisierung	€ 14,00
126	Leben am Rand	€ 14,00
127	Führe mich sanft Beratung, Coaching & Co.	€ 14,00
128	Technik-weiblich!	€ 14,00
129	Eine andere Erste Republik	€ 14,00
130	Zur Kritik der neuen Lernformen	€ 14,00
131	Alphabetisierung	€ 14,00
132	Sozialarbeit	€ 14,00
133	Privatisierung des österr. Bildungssystems	€ 14,00
134	Emanzipatorische (Volks)Bildungskonzepte	€ 14,00
135	Dazugehören oder nicht?	€ 14,00
136	Bildungsqualität	€ 14,00
137	Bildungspolitik in den Gewerkschaften	€ 14,00
138	Jugendarbeitslosigkeit	€ 14,00
139	Uniland ist abgebrannt	€ 14,00
140	Krisen und Kriege	€ 14,00
141	Methodische Leckerbissen	€ 14,00
142	Bourdieu	€ 14,00
143	Schriftspracherwerb	€ 14,00
144	LehrerInnenbildung	€ 14,00
145	EU und Bildungspolitik	€ 14,00
146	Problem Rechtschreibung	€ 14,00
147	Jugendkultur	€ 14,00
148	Lebenslanges Lernen	€ 14,00
149	Basisbildung	€ 14,50
150	Technische Bildung	€ 14,50
151	Schulsprachen	€ 14,50
152	Bildung und Emanzipation	€ 14,50
153	Politische Bildung	€ 15,00
154	Bildung und Ungleichheit	€ 15,00
155	Elternsprechtag	€ 15,00
156	Weiterbildung?	€ 15,00
157	Bildungsdünkel	€ 15,50
158	Linke Positionen	€ 15,50
159	Bildungsanlass Erster Weltkrieg	€ 15,50
160	Das Ende der Schule	€ 15,50
161	Österreich und der EU-Bildungsraum	€ 16,00
162	Neue Mittelschule	€ 16,00
163	Schulmöbel	€ 16,00
164	Demokratisierung	€ 16,50
165	Strategien für Zwischenräume	€ 16,50
166	Lehrer/innenhandeln wirkt	€ 16,50
167	Widerstand	€ 16,50

In Vorbereitung
| 169 | Kindergarten | € 16,50 |